WIELORYBY I ĆMY

Szczepan Twardoch

WIELORYBY I ĆMY

DZIENNIKI 2007–2015

Wydawnictwo Literackie

2007

Mój syn leży, ma szeroko otwarte granatowe oczy, którymi patrzy, chociaż podobno nic nie widzi. Małymi dłońmi przesuwa sobie świat przed nosem, zwiera i rozwiera palce cienkie jak u żaby. Stoję nad nim, a on mnie nie dostrzega, i wydaje mi się, że w jego niedojrzałym mózgu kryje się jakaś tajemnica.

Jakby platońskie anamnesis z *Fedona* było prawdą i jakby to Orygenes miał rację — wydaje mi się, że mój synek nie uczy się jeszcze nowego świata, tylko na razie zapomina to, co wie jego dusza, stworzona u zarania czasu.

Wiem nawet, dlaczego nie umie jeszcze mówić — musi najpierw zapomnieć to, co wie, bo to rzeczy zbyt wielkie dla słów. Dlatego tylko ślepo patrzy, przesuwa maleńkimi dłońmi świat, rozwiera i zaciska palce, wygina dłonie jak hinduska tancerka.

Musi wszystko zapomnieć, zanim wypowie pierwsze słowo, zanim przejdzie tę pierwszą inicjację, najboleśniejszą ze wszystkich — próg świadomości własnego istnienia. Potem będzie mozolnie, jak my wszyscy, odsłaniać prawdę, ściągać zasłonę z tego, co od zawsze tkwi w jego duszy.

Ale na razie wie wszystko. W swoim maleńkim, wątłym istnieniu jest oświecony, mój mały bodhi w czapeczce z tygrysem.

Gnoza, nawet jeśli nie odkrywa prawdziwej natury świata, może być czasem źródłem wzruszeń, cóż z tego, że fałszywych.

2008

Śpi się, spało pod gołym niebem, i budzi się, budziło bardzo wcześnie, daleko od miast, późnym latem, w sierpniu lub w początkach września, kiedy noce są zimne.

Słońce już świeci, dzień jest prawie w pełni, ale powietrze jeszcze chłodne. Światło ma ostrą białą barwę. Na śpiworze zbiera się rosa. Z popiołu unosi się wątlejące z każdą chwilą pasemko dymu. Jest zimno, jesteśmy wysoko w górach.

Wstaję z bólem głowy, patrzę na zegarek, jest piąta i jest skraj syberyjskiej tajgi i mongolskiego stepu.

Wczoraj tafla była czysta, a dziś na jeziorze Chubsuguł słaby przybój kołysze białoszarym dywanem. Podchodzę bliżej, jestem bardzo ciekawy, a boję się tylko trochę.

Na wodzie kołyszą się martwe ćmy, pokrywają taflę wody jak białym kożuchem, wielkie, grube niczym palec, w wodzie ich skrzydła rozkładają się szeroko.

Siadam nad brzegiem, zapalam pierwszego papierosa, patrzę na kołyszące się ćmy i myślę o smaku lodowatych jabłek, ciemnoczerwonych, zerwanych w ogrodzie mojego dziadka o poranku po pierwszej naprawdę chłodnej październikowej nocy.

* * *

Nocami chodzę na spacery. Parę kilometrów, sześć, czasem siedem, godzina lub trochę więcej. Szybko, ale marsz, nie bieg, wychodzę po jedenastej, idę pustą ulicą, tylko na rozstajach pod krzyżem stoi kilku nastolatków, opierają się o maskę starej vectry, palą papierosy i mówią mi „dobry wieczór", trochę zmieszani. Z asfaltu schodzę na szutrową drogę i idę przez pola, ciągnące się między Pilchowicami a Stanicą.

Przed północą docieram do altany, przy której w ciągu dnia zatrzymują się zmęczeni upałem rowerzyści. Przede mną zapalają się i gasną trzema rzędami czerwone światła na odległych o kilkanaście kilometrów trzystumetrowych kominach rybnickiej elektrowni. Pod tymi pomalowanymi w czerwono-białe pasy wieżami na początku lat dziewięćdziesiątych uczyłem się żeglować.

Patrzę na północny wschód, na horyzoncie drgają pomarańczowo rozmazane i gęste światła miast, równie daleko jak rybnickie kominy, dalej, niczym wielki świetlik, zielenią żarzy się neon stacji benzynowej na przedmieściach, ledwie widoczny, a nad nim, na niebie nocnym i jasnym, wyrasta wielka chmura, cumulonimbus o stopie jak małż. Jest matowopomarańczowy, oświetlony latarnianym blaskiem skraju dwumilionowej konurbacji, tak jak reszta chmur na tym bladym, jasnym niebie — bo to miejskie niebo, chociaż wokół mnie tylko pole i las i swoimi krokami spłoszyłem sarny; zerwały się i po szalonym, krótkim cwale zapadły w zaroślach. Spod chmury idzie wiatr i wzmaga się, czuję go na skórze ramion i na karku, a wcześniej objawiają się nerwowym szmerem liście cysterskiego lasu, który za mną ciągnie się przez dwadzieścia kilometrów na zachód, aż pod Racibórz. Szmer narasta, las brzmi jak strumień. Odwracam się. Nad drzewami chmury pełzną po niebie, połykając gwiazdy. Tylko nad kominami Rybnika świeci jeszcze Syriusz. Wieje coraz mocniej.

Szum wiatru przedziera się przez słuchawki. Lektor z zaangażowaniem moduluje niepokojący głos, odgrywając raczej, niż czytając kwestie Chłopca i Mężczyzny, jego angielszczyzna jest zaskakująco wyraźna, świetnie wyartykułowana.

Czytałem wcześniej *Drogę* Cormaca McCarthy'ego w doskonałym tłumaczeniu Roberta Sudoła. Teraz słucham angielskiego oryginału i wydaje mi się mocniejszy, angielski z jego prostszą strukturą gramatyczną brzmi lepiej w krótkich zdaniach McCarthy'ego. Książka gra oczywiście na najpierwotniejszych emocjach, czy nawet na instynktach, ale dlaczego to miałoby odbierać jej wartość? Literatura powinna dotykać tego, co najważniejsze, i McCarthy, pisząc o ojcu i jego dziecku idących przez świat po Apokalipsie, właśnie pisze o najważniejszym: o człowieczeństwie bezwarunkowym, o zwątpieniu, o tchórzostwie, śmierci i miłości, i o woli przeżycia. I jednocześnie jego książka jest tym, czym powinna być literatura: opowieścią, która słuchana nocą przeraża. Każe mi co jakiś czas idiotycznie zerkać do tyłu, przez ramię, kiedy podeszwy butów zgrzytają na żwirze, a lektor czyta o piwnicy, którą kanibale zmienili w spiżarnię pełną ludzi.

Parę godzin wcześniej mój synek zasypiał mi na kolanach. Małe ciałko obleczone ubrankiem w kolorowe paski, główka w zgięciu mojego łokcia, mała rączka ściska moje palce. Leży spokojnie i tylko co jakiś czas szarpie się nagle, kiedy do jego raczkującej świadomości dociera ból z przerzynanych wzrastającymi zębami dziąseł. Płacze wtedy przez chwilę, wypręża się i milknie. Ma duże stopy o wysokim podbiciu i krótkich palcach, jak moje.

* * *

Jak należy podróżować? Bronisław Malinowski, rozpoczynając *Argonautów zachodniego Pacyfiku*, pisze, że są dwa rodzaje poznania obcego kulturowo świata. Jeden możliwy, jeśli pobyt w danym kraju nie jest zbyt długi, kiedy nadmiar szczegółów nie zasłania nam ogółu, drugi dopiero po tym, jak wsiąknie się w kulturę na dobre i kiedy można dokonać wiarygodnej syntezy zebranych obserwacji.

Przyjmując tę zasadę, zrozumiałem jakiś czas temu, że mimo niegasnącej fascynacji, mimo lektur i wizyt, niewiele mam do powiedzenia na temat Rosji jako takiej. Łatwo mogę falsyfikować głupawe, a częste u polskich dziennikarzy, mętne banialuki o „strasznym imperium" tudzież o „wiecznie pijanych Rosjanach z harmoszkami", mogę śmiać się z leczenia polskich kompleksów przez budowanie poczucia cywilizacyjnej wyższości nad „ruskimi kałmukami", ale kiedy miałbym spróbować Rosję wyjaśnić, nie mam nic do powiedzenia. Umiałbym zsyntetyzować wspomnienia z podróży, z tego jednak czytelnik mógłby się dowiedzieć czegoś o mnie, ale o Rosji nic zgoła, bo byłem tam, wracając do Malinowskiego, jednocześnie zbyt długo i zbyt krótko.

Bo jaką odpowiedzią jest Rosja z okien transsybu?

Kawiarenka internetowa pod pomnikiem Lenina w Irkucku. Rozkosz opalanej drewnem bani po trzech z okładem dobach w pociągu, z wodą z syberyjskiego strumienia, pachnącej brzozowym dymem i tanim mydłem. Luksusowe japońskie samochody z kierownicą po prawej stronie, których nad Bajkałem jest więcej niż dostosowanych do prawostronnego ruchu ład, wołg i uazów. Kreml, kawiarnia na Arbacie, pomnik Puszkina. Zakutane w chusty i kabaty babuleńki sprzedające gorące kartoszki w foliowych torebkach na syberyjskich stacyjkach, gdzie transsyb zatrzymuje się na parę minut tylko, wrzątek w samowarze w każdym wagonie, w nim prowadnica, reprezentująca powagę władzy i państwa.

To tylko klisze, to Rosja odzwierciedlona, nie prawdziwa, to Rosja, jaką chciałby widzieć polski czytelnik, niemal jak z zabawnych reklam telefonii komórkowej.

A co rosyjskiego znalazłem daleko za kołem podbiegunowym, na siedemdziesiątym ósmym równoleżniku? Na terytorium norweskim, z norweską suwerennością ograniczoną traktatem paryskim — czyli na Spitsbergenie, zwanym Svalbardem przez Norwegów, którzy nazwę „Spitsbergen" rezerwują dla największej z wysp archipelagu, co w cudowny sposób ignorują inne europejskie narody.

Traktat, podpisany w latach dwudziestych ubiegłego wieku, przyznał ten polarny, acz ogrzewany Golfsztromem i dlatego do pewnego stopnia wolny od lodu archipelag Norwegii, z zastrzeżeniem, że wszystkie inne państwa sygnatariusze traktatu mają prawo prowadzić na Svalbardzie dowolną działalność gospodarczą. Z prawa tego korzystają w zasadzie tylko Rosjanie, utrzymujący górniczą osadę Barentsburg — i to w Barentsburgu znalazłem jakiś okruch prawdy o Rosji.

Barentsburg zakładali Amerykanie i Holendrzy, w latach dwudziestych zręby osady wykupił sowiecki Trust Arktikugol, w latach trzydziestych rozpoczęto wydobycie węgla, potem na ewakuowaną osadę spadły pociski z dział pancernika Tirpitz, a po wojnie odbudowano ją w takiej postaci, w jakiej można oglądać ją dziś. W apogeum sowieckiej obecności na Spitsbergenie w Barentsburgu funkcjonowała wielka szklarnia, służąca z jednej strony jako źródło świeżych warzyw, z drugiej jako miejsce, w którym sowieccy górnicy — Rosjanie i Ukraińcy z Doniecka i Donbasu — mogli odpocząć od surowego krajobrazu tundry. Były obory, chlewy i kurniki, piekarnia, duży ośrodek sportowy z boiskiem i basenem. Bloki mieszkalne z dziwnej żółtawej cegły. Ten stary Barentsburg oglądam przez obiektyw sowieckiego fotografika, który w 1979 roku wydał w Moskwie album pod tytułem *Szpicbergen: strana ostrich gor*. Jeszcze sprzed apogeum świetności, jeszcze na wznoszącej fali — widać rozpoczęte budowy, najbardziej spektakularne budynki dopiero wyrastają, po odśnieżonych uliczkach przechadzają się szczupli, weseli mężczyźni w jaskrawych kurtkach lub szarych płaszczach, w kosmatych czapkach z syberyjskiego psa na głowie. Mój ojciec miał kiedyś taką samą czapkę, pamiętam, zdjęcia z albumu robiono jeszcze przed moimi narodzinami, chociaż niedługo przed, rok może. Dziś już jej nie nosi. A mężczyźni na zdjęciach noszą polarnicze brody lub wąsy, włosy mają przydługie, dzieci zaś wszystkie, naprawdę wszystkie, są pyzate, rumiane i zdrowe. I trudno doszukiwać się w tym propagandowego fałszerstwa, bo jest owych dzieci na zdjęciach mnóstwo, tak wiele, że ze szczupłej, barentsburskiej dziecięcej populacji nie zdołałby fotograf wybrać tych najładniejszych. Może to polarny klimat tak służył tym płowowłosym chłopcom i dziewczynkom z warkoczykami ujętymi w wielkie czarne kokardy.

Nasza tegoroczna trasa do Barentsburga wiodła stokami Nordhallet po dawnej drodze, którą pięćdziesiąt lat temu samochody gaz-69 jeździły aż do przystani, skąd płynąc promem przez zatokę Coles, można było dostać się do portu w tejże zatoce, który z kolei obsługiwał kopalnię w Grumant.

Nie używana od pół wieku droga jest już tylko śladem na tundrze, którego warto się trzymać, aby pewnie omijać najgłębsze, strumieniami żłobione wąwozy — ale żaden samochód nie mógłby już po niej przejechać, wieczna zmarzlina uczyniła swoje. Mosty, przeciągnięte nad spływającymi do fiordu strugami, dawno się pozawalały. Droga, która wiodła urwiskiem nad plażą — zniknęła, morze ją zabrało.

Wzięliśmy tylko małe plecaki, w nich zapasowe kurtki, trochę prowiantu, mała butla z palnikiem, wodery do przekraczania rzek. Na plecach karabin i aparat fotograficzny, oba na wypadek spotkania z niedźwiedziem, w kieszeniach naboje, lornetka i czekolada. Jeszcze kijki, bez których trudno się obejść w tym wielkim polarnym bagnie. Reszta naszych trzydziestokilogramowych bagaży, które nieśliśmy wcześniej na plecach, została w obozie, szliśmy na jednodniową wycieczkę, trzydzieści parę kilometrów.

Były to ostatnie chwile naszej wędrówki, przetykanej kilkudniowymi popasami. Już za dwa dni przypłynie po nas półsztywna łódź marki Polarcirkel, zaokrętujemy się obok murszejącej kei w Colesbukcie i pójdziemy po spokojnym fiordzie aż do Longyear, z prędkością czterdziestu węzłów, w godzinę wracając do Longyearbyen, z którego wyruszyliśmy dwa tygodnie wcześniej.

Tego zaś dnia, kiedy szliśmy do Barentsburga, była piękna pogoda, pod podeszwami bulgotała tundra, podmokła i zbrązowiała na znak nadchodzącej jesieni, niebo było niebieskie, a na drugim brzegu Isfjordu do arktycznego oceanu spływały lodowce, żmudnie, wiek po wieku, żłobiąc swoje doliny. Ich wysokie na kilkadziesiąt metrów czoła z naszego brzegu widać jako wąskie, szaroniebieskie kreski. Szliśmy szybko, bo idzie się tutaj łatwo, to nie to, co powolne gramolenie się przez błotnistą morenę czołową, wspinanie na rozpadający się klif po żlebie czy brodzenie w delcie rzeki wpadającej do fiordu w dziesiątkach strumieni jak rozsypane warkocze, w końcu szliśmy wspomnieniem drogi.

I w końcu, po sześciu godzinach, doszliśmy — najpierw budynki gospodarcze, radziecka plątanina rur i kabli, potem lądowisko dla helikopterów, z hangarem; o te helikoptery praktyczni Rosjanie spierają się z ekologicznie nastawionymi Norwegami. Jeden śmigłowiec minął nas po drodze, pochylony, wielki i niezgrabny mi-8. Dalej droga już bita, cmentarz, ale nie tak malowniczy jak poletko białych krzyży w norweskim Longyearbyen, stolicy

Svalbardu, ani nie tak dramatyczny w wyrazie jak ten w Colesbukcie, z lat pięćdziesiątych, z grobem rocznej dziewczynki, rówieśniczki mojej mamy. Narodziła się w maju 1951 roku, miała tatarski patronimik i tatarskie nazwisko: Dora Minisłamowna Farizowa. Imię mogło brzmieć inaczej, na nagrobku jest prawie całkiem zatarte, ale na pewno zaczynało się na „D" i było krótkie. Przeżyła arktyczne lato, ciemności nocy polarnej, razem z odejściem śniegów nauczyła się chodzić, po czym zmarła, a jej rodzice, ojciec Tatar i nieznana nam matka, kiedy już sporządzili nagrobną tabliczkę ze zdjęciem obleczonej w czepek małej, dziecięcej główki, musieli pogrążyć się w rozpaczy, bo na śmierć dziecka kojącej odpowiedzi nie dadzą ani Allach, ani chrześcijański Bóg, a już na pewno nie Marks z Leninem. Jestem o tym przekonany, bo mój syn teraz właśnie ma tyle miesięcy, ile miała ta maleńka, polarna Tatarka, kiedy umarła, i wiem, że nie znalazłbym odpowiedzi, gdyby stało się coś, czego nie odważę się napisać.

Minęliśmy cmentarz z nagrobkami seryjnie odlewanymi z betonu, a na koniec doszliśmy do tablicy z nazwą osady wypisaną cyrylicą. W pierwszej chwili miasto mogłoby się wydawać opuszczone, gdyby nie wątła strużka dymu snującego się z komina odległej elektrociepłowni.

Można by pomyśleć, że i tutaj wydarzyła się taka historia jak w odległym o sto kilometrów Pyramiden, gdzie w 1998 roku rosyjscy i ukraińscy górnicy na próżno wyglądali statku z zaopatrzeniem, który miał przypłynąć do nich z Murmańska.

Żaden nie przypłynął, bo w Rosji tymczasem skończyły się pieniądze, urzędnicy nie dostawali pensji, ktoś uznał, że skoro nowa, już nie czerwona, lecz trójbarwna Rosja mu nie płaci, to on nie będzie siedział przy biurku. Ktoś nie podpisał jakiejś bumagi, ktoś wzruszył ramionami, ktoś rozłożył bezradnie ręce. Z portu w polarną noc nie wypłynął żaden statek — ani z zaopatrzeniem, ani taki, który mógłby mieszkańców osady pod górą Piramidą ewakuować. Był dziesiąty stycznia, trzy dni po prawosławnym Bożym Narodzeniu, i na Spitsbergenie panowały wtedy absolutne ciemności, przez całą dobę. Horyzontu nie rozświetlał nawet ślad brzasku, skończyło się jedzenie, był tylko węgiel, w końcu sami wydzierali go zmarzlinie, ale węgla nie da się zjeść. W piekarni nie było już mąki, a w szklarni dawno temu zabrakło pomidorów i kapusty. Zjedli już świnie i kury, chlewy i kurniki stały puste. Mieli tylko prąd, elektrociepłownia działała doskonale, w barakach było ciepło, przyprószone śniegiem popiersie Lenina przed ciemnością chronił snop pomarańczowego światła z latarni, telewizory podłączone do satelitarnych anten pokazywały program z Moskwy, nieliczne dzieci były bardzo głodne i wszyscy mieszkańcy polarnej górniczej osady dobrze rozumieli, czym jest stara ruska smuta.

I wtedy właśnie do portu wpłynął statek. To Norwegowie z odległego o kilkadziesiąt kilometrów Longyearbyen uznali, że nie mogą przecież pozwolić, aby pod koniec dwudziestego wieku, na ich oczach prawie, a już na pewno w zasięgu ich radiostacji, tysiąc Rosjan zmarło z głodu w dobrze ogrzanych i oświetlonych barakach.

Statek opuścił motorową szalupę — wszystko w świetle rozcinających polarny mrok reflektorów, w huku kry trącej o pancerny kadłub. Z szalupy wysiedli spitsbergeńscy oficjele, może nawet sama pani sysselman, Ann-Kristin Olsen, siwowłosa, czterdziestoletnia, szczupła, bardzo nordycka, w granatowym, podobnym do marynarskiego mundurze, albo może raczej w ciepłej parce z kapturem obszytym futrem. Sysselman to stary nordycki tytuł, trochę jak nasz wojewoda albo angielski sheriff czy bailiff, tyle że bardziej archaiczny w stylu, odkopany w jakiejś zakurzonej księdze w czasach festiwalu norweskiego odrodzenia narodowego.

Dobiła więc szalupa z panią sysselman lub bez niej do nabrzeża, uścisnęli Norwegowie dłonie dyrektorom z bankrutującego Arktikugola, zawyła syrena i tysiąc Rosjan oraz Ukraińców porzuciło swoje zajęcia, matki otuliły głodne dzieci kurtkami i szalikami, a potem, stłoczeni w kabinach statku, jedli proste i ciepłe jedzenie — upokorzeni, lecz szczęśliwi słudzy potężnego niegdyś imperium.

Pyramiden zostało przez Norwegów ewakuowane, tysiąc rosyjskich i ukraińskich górników, kobiet z obsługi, inżynierów, dyrektorów i dzieci zawieziono do Murmańska. Tam wysiedli na nabrzeżu wielkiego kraju, który istniał wtedy tylko na mapie, i nikt zapewne się nimi nie zainteresował, bo jeszcze dwa lata musiały minąć, zanim Władimir Władimirowicz Putin przywrócił Rosji państwo — tak przynajmniej pisze profesor Stürmer w swojej biografii prezydenta kagiebisty. A w Pyramiden na stołach w czytelni zostały książki z zakładkami wetkniętymi między strony, szklanki w barze, niewyprane skarpetki obok łóżka, niedokończony list i szachownica z partią, która zatrzymała się na czwartym posunięciu otwarcia.

I to jest akurat prawda — opuszczone miasto, te szklanki, listy i szachownica. Ale cała reszta niekoniecznie. Historia jest fabularnie interesująca, taką słyszałem od pewnego polarnego wiarusa, kiedy byłem na Spitsbergenie po raz pierwszy, w 2006 roku w Longyearbyen.

Wszystko przy tym wskazuje na to, że jest fałszywa.

Może były jakieś niedobory w zaopatrzeniu, owszem, głodnych dzieci jednak nie było i nie było raczej norweskich statków, bo Rosjanie — chociaż w wielkim pośpiechu — ewakuowali się sami. Została mała grupka, mieli buldożery, materiały wybuchowe i rozwalali, co im się akurat w tym świeżym trupie miasta rozwalić podobało.

To jak w *Nie trzeba głośno mówić* Józefa Mackiewicza, kiedy główny bohater, wzruszony, opowiada historię, której był świadkiem — widział, jak niemiecki kierowca czołgu ze zgrzytem gąsienic zatrzymał swoją maszynę na bruku, aby nie przejechać wiewiórki, która wbiegła na jezdnię. I słuchacze tej historii, polscy patrioci, upominają, że tak opowiadać nie wypada, niechże to będzie czołg polski, amerykański lub w ostateczności sowiecki, ale to nie może przecie być czołg niemiecki. Główny bohater dziwi się swoim rozmówcom jak Pers Monteskiusza — nieśmiało zauważa, że był owego zdarzenia naocznym świadkiem i nic nie poradzi na to, że czołg był niemiecki. I zostaje skarcony: taka jest może prawda jednostkowa, wycinkowa, subiektywna; prawda obiektywna jest jednak inna.

I taka właśnie, po heglowsku obiektywnie zgodna z duchem czasu, jest prawda historii z głodującymi dziećmi i norweską ewakuacją. Taka dokładnie historia powinna się wydarzyć w czasach jelcynowskiej smuty, aby ducha czasów dobrze wyrażać; tyle że ktoś, zdaje się, o tym zapomniał, i naprawdę wydarzyła się historia również dramatyczna — czego dowodem był widoczny pośpiech, z jakim Pyramiden opuszczano — lecz nie tak spektakularna.

A przecież, wchodząc do Barentsburga, nie sposób o tym opuszczonym Pyramiden nie myśleć, zwłaszcza jeśli w ciągu ostatnich kilku dni regularnie mijało się ruiny rosyjskich zabudowań porzuconych jeszcze wcześniej — acz bez owego pośpiechu czasów smuty. Tam, w zatoce Coles, w Grumantbyen, Rosjanie, czy raczej Sowieci, swoje zabudowania porzucili w wyniku rachunku ekonomicznego — wyczerpały się łatwo dostępne złoża węgla, zdemontowali więc to, co można było zdemontować, część budynków wysadzili w powietrze i przenieśli się dalej, gdzie węgiel kopało się łatwiej, pozostawiwszy po sobie strumienie czerwonawe od rdzewiejącego w wysokim ich biegu złomu.

Minęliśmy więc tablicę z napisem „Баренцбург", rozładowałem karabin i otwarłem zamek — zgodnie ze zwyczajem, aby każdy z mieszkańców widział, że broń jest bezpieczna. Nie spotkaliśmy jednak nikogo, szliśmy długo czymś, co przypominało industrialne przedmieścia — pomiędzy otwartymi, niszczejącymi hangarami, w których zmieściłaby się eskadra helikopterów, między opuszczonymi barakami niewiadomego przeznaczenia i między stertami śmieci małych jak pogięte gwoździe i wielkich jak pół domu, zardzewiałych lub betonowych, ze sterczącymi prętami zbrojenia. Minęliśmy opuszczoną szklarnię. Na drzwiach wiele lat temu ktoś przykleił kartkę w języku angielskim, informującą turystów, że in the greenhouse nikt nie mówi po angielsku ani norwesku, więc jeśli ktoś chce greenhouse zwiedzać, to powinien udać się do hotelu i poprosić o przewodnika. Dziś te drzwi zabite są deskami, okna i szklany dach — porozbijane; widać przez nie, że w środku, na nietkniętych palikach skręcają się zeschnięte na wiór resztki pomidorowych krzaków, a na rozpiętych między szklanym dachem sznurkach wiszą przemrożone trupy pnączy, jak szarobrązowe liny. Dalej puste kurniki i chlewy. Nawet piekarnia już nie działa, całą żywność, tak samo jak w norweskim Longyearbyen, przywozi się z kontynentu — bo po co się męczyć, skoro w Longyearbyen samoloty lądują dwa razy dziennie? Dalej łuszczące się murale z łaciatą krową, inne z łanami zbóż gdzieś na wielkorosyjskich równinach, jeszcze inne z pniami brzozowego lasu. I wszystko puste, opuszczone — lecz w pewnym miejscu, na opatulonym wełną mineralną i deskami przewodzie ciepłowniczym, dostrzegamy kota. Norwegowie zakazali posiadania kotów na całym Svalbardzie, bo podobno wyżerają ptakom pisklęta. Ten kocur, szary i gruby, na pewno zeżarł wiele piskląt i nie wydaje się przejmować ukazem wydanym przez samego sysselmana. Bez ludzi nie przeżyłby zimy, więc zapewne opiekujący się nim Rosjanie lub Ukraińcy również wzruszają z pogardą ramionami na myśl o urzędniku, któremu wydaje się, że opublikowanym w jakimś dzienniku ustaw zakazem może odebrać kocie towarzystwo skazanym na polarną noc ludziom — i to dla czegoś tak trywialnego jak ptasie pisklęta. A do mew, rybitw, fulmarów, alk i alczyków, których w sezonie setki tysięcy krążą nad klifami, robiąc rejwach niepodobny do niczego innego na świecie, na pewno spitsbergeńscy górnicy nie żywią uczuć cieplejszych niż do tego szarego kocura, lubiącego się nocą polarną wygrzewać na czyichś kolanach.

I wreszcie spotykamy dwie Rosjanki. Wyglądają dziwnie, idą pod rękę w czółenkach i wykończonych futerkiem eleganckich kurteczkach — a my, w ciężkich, zabłoconych butach, w goreteksach i softshellach, z kijkami w rękach i bronią na plecach. I śmieją się panie, jedna starsza, druga młodsza, z tych kijków, którymi podpieramy się w marszu. Kto wam ukradł narty? — pytają. Śmiejemy się z nimi, idziemy dalej.

W hotelu ceny norweskie, obsługa rosyjska, pijemy colę i piwo, jemy niezbyt smaczne pielmieni, bez borszczu nawet, w wielkim telewizorze dziewczęta półnagie, a na pewno noszące więcej biżuterii niż ubrań, śpiewają i wypinają tyłki w srebrnych porsche, ferrari i lamborghini, toczących się dostojnie ulicami Moskwy. Ciepło.

A niedaleko hotelu stoi dawny radziecki konsulat. Na zdjęciu w moim starym albumie jest zielony, wypieszczony, socrealistycznie klasyczny, w oknach firaneczki, wygląda tak, że gdyby miał chociaż odrobinę wdzięku więcej i gdyby na dachu nie powiewała czerwona flaga z sierpem i młotem, to mógłby być niepozorną ambasadą małego państwa gdzieś w cichej dzielnicy Wiednia lub Warszawy. Teraz jednak wszystko się zmieniło — budynek jest opuszczony, rozwalone są schody prowadzące do reprezentacyjnego miejsca. Straszą puste szkielety okien, okiennice wiszą na zerwanych zawiasach, drzwi zabito deskami.

Lecz za opuszczonym konsulatem sowieckim stoi nowy konsulat rosyjski. Zdaje się, że to jedyny budynek wzniesiony tutaj po upadku Związku Sowieckiego. Z wyjątkiem cerkiewki, o której za chwilę, bo też stoi kawałek dalej. Płot o zaostrzonych prętach, jakby stawać pod nim miały dorożki, na płocie złote orły dwugłowe, a sam budynek nowoczesny. Moja żona architekt twierdzi, że to całkiem przyzwoita architektura, pod względem formy, tak jak kilka innych, podobnych budynków o zaokrąglonych narożnikach, stawianych zapewne gdzieś na przełomie lat osiemdziesiątych i dziewięćdziesiątych. Ale na jeden użytkowany budynek przypadają trzy opuszczone, straszące powybijanymi szybami — bo też zbudowano to miasto dla trzech tysięcy ludzi, a mieszka ich w nim teraz zaledwie sześciuset.

To przetrwalnik — jego jedynym zadaniem jest utrzymać ciągłość rosyjskiej obecności na Spitsbergenie. Kopalnia podobno nie działa, a cała praca górników polega na tym, by konserwować urządzenia, budynki i maszyny. Cerkiewka jest ośmioboczna jak wieże rosyjskich molenn pomorców-staroobrzędowców, którzy na Grumant — jak nazywali Svalbard — pływali już w siedemnastym wieku, polować na morsy, niedźwiedzie i lisy. Ten niewielki kościółek w rzeczywistości jest jednak nie budynkiem sakralnym, ale pomnikiem dla ofiar wypadku lotniczego z 1996 roku. Prawosławny ksiądz przyjeżdża czasem do Barentsburga, ale nabożeństwa odprawia gdzie indziej, nie w tej niby-cerkwi.

I tyle. Wychodzimy z hotelu — to śmieszne, bo chociaż minęło tylko kilkanaście dni, to już tęskni się do takich cywilizacyjnych osiągnięć jak sedes w toalecie, cola w puszce i piwo. Zabieram parę puszek dla przyjaciół, którzy zostali chorzy w obozie, płacimy straszny rachunek, Ukrainka w barze patrzy na nas z uzasadnionymi rozbawieniem i pogardą: jej płacą, by mieszkała w tym strasznym miejscu, my zapłaciliśmy, aby się tu znaleźć, i jeszcze pokonaliśmy całą drogę z Longyearbyen na piechotę, marzliśmy w namiotach, białą nocą wartowaliśmy przy ognisku ze strachu przed niedźwiedziem — coś, co się pani za barem słusznie nie mieści w głowie, bo w istocie jest rodzajem dekadenckiej perwersji, co piszę tutaj całkiem serio, wcale się nie krygując. Bo to przecież nie asceza — za dużo to wszystko kosztuje, aby było ascezą.

I tyle. Nie wyciągnę wniosków, wniosków nie ma. Konceptualizacja rzeczywistości społecznej czy ludzkiej w ogóle jest zawsze tej rzeczywistości wymyślaniem, a ja wymyślać nie chcę. Za tym, co widziałem, nic się nie kryje, nie ma znaków czasu, jest tylko rozległe uniwersum niepoznawalnego.

I tyle. Wracamy. W spitsbergeńskiej gazecie „Svalbard Posten", redagowanej na miejscu, ale drukowanej w Tromsø i dostarczanej tu samolotem, piszą dużo o Rosjanach z Barentsburga. A to, że helikoptery wynajmują do komercyjnych przedsięwzięć, co jest bezwzględnie zakazane, bo się ptaki płoszy. A to, że zbiory barentsburskiego Muzeum Pomorców zawieziono do Longyearbyen, aby eksponować je przez jakiś czas w muzeum norweskim. A wcześniej w Barentsburgu odbył się festiwal filmowy, puszczali norweskiego *Ellinga*, takie to zabawne.

I tyle. Myślę o rosyjsko-tatarskiej dziewczynce, która żyła trzynaście miesięcy na Svalbardzie i której teraz maleńkie, smutne ciało leży w wiecznej zmarzlinie.

2009

Szedłem z synem do domu. Po całym dniu słoty popołudniem niebo się przetarło, zaświeciło nawet słońce, tym ciepłym w kolorze światłem, którym świeci letnimi, późnymi wieczorami. Więc szliśmy, oglądając błękit w kałużach, lecz za plecami mieliśmy zmierzch i sunący wał czarnych chmur i kiedy odwracałem głowę, widziałem, jak urywają się spod nich przejrzyste kurtyny deszczu. Jeszcze daleko, ale szedł spod tych ciemnych obłoków wiatr, znam dobrze takie chmury i taki wiatr, wiem, jak szybko potrafią dogonić uciekającą baksztagiem łódź.

A mój dwuletni syn nie ma o tym pojęcia. Pokazuję mu straszny front chmur, a on wyciąga palec i krzyczy po swojemu: jaaaaaaaaaa! Wiatr odrywa od ziemi zeszłoroczną trawę i liście, w nagich gałęziach brzozy gwiżdże kos, gwiżdże jak oszalały, bardzo głośno. Jakby się bał.

Stoimy już na ganku, otwieram drzwi do domu. Uczę się bać.

* * *

Ciche umieranie rozbitków polarną nocą: z głodu, na szkorbut lub wskutek zatrucia niedźwiedzią wątrobą, która jedna zawiera śmiertelną dla człowieka dawkę retinolu. Albo umieranie głośne, w szczelinach lodowców, w niedźwiedzich szczękach, w lodowatej wodzie, od noża lub kuli. Albo śmierć wśród huku końskich kopyt, kiedy na grzbietach niskich, grubych mori step przemierzają zbrojni, konni łucznicy tureccy, mongolscy i indoeuropejscy, ludy Xiongnu, Mongołowie, Kazachowie i Kozacy, zdobywcy Pekinu i Moskwy, komuniści, muzułmanie, buddyści, prawosławni i ci, którzy wierzą w duchy zwierząt i kamieni i w szamańskie kamłanie. Czyngis-chan i Ferdynand Ossendowski, Attyla, Arpad i Fiodor Romanowicz, Ungern baron von Sternberg, Suche Bator i Gieorgij Konstantynowicz Żukow, zdobywający tytuł Bohatera Związku Radzieckiego po raz pierwszy, za rozbicie armii Kwantuńskiej pod Chałchin-Goł, wszyscy w jednej hordzie, ich pot i mocz, zmieszane z moczem i potem koni, i krew wsiąkająca w suchą ziemię. I nawet kiedy patrzy się na step zupełnie pusty, na cichą taflę jeziora Chubsuguł, nawet wtedy słychać ich konie, tak jak słychać jeszcze na Spitsbergenie szum w słuchawkach niemieckich radiotelegrafistów, nadających w czasie drugiej wojny światowej zaszyfrowane prognozy pogody z ukrytych między lodowcami stacji meteorologicznych.

W krajobrazie zobaczyć można osobne, tajemnicze życie, osobne jak życie na innych planetach: życie zimujących na Svalbardzie reniferów, pardw i pieśców, życie pokorne, ciche, przyczajone, życie niewolników zimy i nocy. Reniferów uniżenie schowanych w dolinach, gdzie wiatr przyciska ich kościste ciała do ziemi, i pieśców podążających strachliwie po zamarzniętym morzu za białym królem Północy, aby uszczknąć ochłap z jego uczty.

Aby doczekać słońca, aby doczekać dnia, kiedy śnieg odkryje ucztę traw i porostów.

Życie pełznących po ziemi drzew tundry, polarnych wierzb i karłowatych brzóz, *Salix polaris* i *Betula nana*, tak samo przygniecionych do ziemi, układających swe pnie, gałęzie i mięsiste liście między trawami, zasypywanych śniegiem i zapuszczających wątłe korzenie w zmarzlinę, a jednak żywych.

* * *

Pierwszego listopada stoję przy grobach, tak jakbym sam trochę w nich leżał. Myślę o kościach, po których chodzę po bułki i gazetę, myślę o tej wielkiej łasce życia na ziemi przesiąkniętej ciałami moich świętych przodków, świętych nie życiem, przecież tak niewiele wiem o ich życiu, cóż wiedział będzie o moim życiu mój syn? — świętych obecnością.

I kiedy w listopadzie jadę samochodem przez moją okolicę, myślę: tutaj moja prababcia chodziła do młyna, którego ruiny pamiętam; zdobywałem w nich szlify dziesięcioletniego odkrywcy i archeologa. Potem go zburzyli, bo groził zawaleniem, zostały tylko martwe starorzecze i resztki fundamentów. Tam, dalej, stał dom, w którym urodził się mój pradziadek. Kopalnia, gdzie śmiertelnie ranny został mój dziadek ojczysty, ten, którego nazwisko noszę. Dziś zrobili w niej jakąś wyższą szkołę tego i owego.

Miejsce, w którym sowieccy żołnierze wojsk wewnętrznych NKWD zabili polskich konspiratorów z Przyszowic. I paru Niemców od razu też, hurtowo. I paru niewinnych cywilów. Płci obojga. W różnym wieku. Dziwnie im się musiało umierać, wrogom przez morderców i grób zjednoczonym.

Mój dziadek macierzysty, który właśnie uciekł przed werbunkiem do Volkssturmu, patrzył na to mordowanie z daleka. A zarządca przyszowickiego majątku, von Raczków, nie uciekł razem z resztą szlachty, bo nie wyobrażał sobie, jak można zostawić dobra na pastwę bolszewików, jak można zostawić to, czemu poświęcił całe życie: maszyny, ziarno na zasiew, konie, gorzelnię z zapasami spirytusu, wszystko, więc postanowił zostać i pilnować obejścia, i zabili go Sowieci od razu, pierwszego dnia, nawet nie maruderzy, tylko karne, frontowe wojsko, pewnie ciągnęło ich do tego spirytusu. Więc wszędzie trupy. Trupy w takiej liczbie, że nie wynika z nich żaden morał. Żadna nauka na przyszłość ani żadne zrozumienie przeszłości. I nie układają się te użyźniające Śląsk trupy w żaden dekret, w żadne prawo, w żaden akt własności.

Zapalam więc też świeczkę na zbiorowym grobie gliwiczan zamordowanych w styczniu 1945 roku, opisanym starą tabliczką, na której widnieje, że „zmarli w styczniu 1945". Ale i tak każdy zawsze wiedział, na co umierało się w styczniu 1945. Chociaż pewnie paru mogło naprawdę umrzeć z głodu, na tyfus albo coś podobnego. Na sowiecką kulę albo bagnet w każdym razie załapały się całe rodziny, starcy, dzieci, nawet jeden Francuz, zapewne robotnik przymusowy. I paru NN.

I co z tego? Zapalam im świeczkę, bo to są moi ludzie. To atomy mojego świata. Te dzieci, niewiele starsze od mojego taty. Siedmioletni Helmut i trzyletni Erwin. Ich matka, w wieku mojego dziadka — pewnie wpadali na siebie w gliwickich sklepach, gdzie z polskiej strony jeździło się kupować tkaniny i gotowe ubrania. Albo w polskich sklepach, gdzie z niemieckiej strony jeździło się kupować kiełbasy i mięso. Przy jej nazwisku — Anna Kneifel — ktoś drobnymi literami dopisał „z d. Cielenga", żeby wszyscy wiedzieli. Jakby to śląskie nazwisko jakoś wartościowało jej śmierć. I leżą sobie razem teść (też Kneifel właśnie) z synową, Greiner, Roderberg i Bergner, i doktorostwo Hoffmannowie, i ich syn razem z Rollikiem, Kraczkiem, Szendzielorzem i Kożuszkiem. Może dwadzieścia parę lat wcześniej Szendzielorz strzelał do Bergnera, a Bergner do Szendzielorza? A może razem w komunistycznej bojówce „Błyskawica" strzelali do bogatego Hoffmanna? Albo i równie dobrze nikt do nikogo nie strzelał. Ale może przynajmniej ktoś komuś coś ukradł, ktoś kogoś zdradził, oszukał, uwiódł? Rachunki krzywd wyrównał wspólny grób.

Zapalam ową świeczkę bez nienawiści do tych Rosjan, którzy ich pozabijali, do Rosjan, czy też do Kałmuków, Mordwinów, Ukraińców, Buriatów, z jakiej bądź wojłokowej jurty, modrzewiowej chaty czy jakiego betonowego bloku pochodziłby ten, kto trzymał sowiecki karabin. Inni — a może i ci sami? — sowieccy żołnierze karmili urodzonego w 1944 roku niemowlaka, którego ojciec w niemieckim mundurze bił się z Amerykanami w Ardenach, pomagali więc mojej babci w sytuacji tak podobnej do tej, którą z ogromnym zdziwieniem znalazłem u Máraiego: u niego w domu, dokładnie w tym samym czasie, też był polowy warsztat, gdzie naprawiali czołgi, tak jak na podwórku domu mojej babci. Wyobrażam sobie, że musiały wyglądać podobnie, oba zresztą znam z relacji z pierwszej ręki.

I znowu nic z tego nie wynika. Nie umiem i nie chcę upleść żadnego postulatu z tych wszystkich zabitych i zmarłych dobrych, złych, winnych i niewinnych, i zwykłych — czyli trochę dobrych i trochę złych, z jakąś winą, ale nie taką, aby zasłużyć na śmierć. Nie tylko nie umiem upleść z trupów postulatu politycznego, nie wychodzi mi z tego nawet żaden postulat moralny. Bo proste „nie morduj" to już powiedziano dawno temu, niewiele da się do tego dodać. Morał może mieć historia o jednym morderstwie, jak w *Stuleciu detektywów* Thorwalda. Tysiąc trupów to tylko prosta antropologiczna obserwacja, nic więcej. Tysiąc, milion, sto milionów trupów to człowiek.

2010

Widziałem dzisiaj zdjęcie sprzed osiemdziesięciu jeden lat. Spośród tych, których na nim utrwalono, żyją już tylko dwie osoby, a wypalona światłem emulsja ciągle trwa, jakby ich dusze nie zdołały zupełnie odejść. Zdjęcie zrobiono na ślubie jakiegoś ujka: na tle ceglanego muru stoją mężczyźni w krawatach i muszkach, i we frakach, bo to w końcu ślub. Stoją jak to Ślązacy na starych zdjęciach: wpatrzeni w obiektyw, zamarli, jakby pozowali do pomnika. Niektórzy noszą wąsy, sumiaste albo podkręcone tak, że nawoskowanymi czubkami sięgają oczu, i razem ze stojącymi, sztywnymi kołnierzykami są te wąsy znakiem, że ich właściciele to ludzie cokolwiek staroświeccy, bo zdjęcie zrobiono w roku 1929, kiedy takich wąsów i kołnierzyków się już nie nosiło od dwudziestu z górą lat. Niektórym w kącikach ust drga jakiś ślad uśmiechu, ale ściągają go mocno, tak że prawie go nie widać.

Kobiety są już ubrane „po pańsku", to znaczy w miejskie stroje, i tylko jedna, starsza, nosi ten poważny, ciemny, tradycyjny śląski strój kobiecy, surowy w swojej purytańskiej estetyce, rodem z surowych obyczajów tego surowego kawałka świata. Siedzi więc w zōpasce i specjalnie zawiązanej chustce na głowie. Jej twarz również jest surowa, poważna, ale też pewna siebie i pełna siły. Nie wiem, czy jest poważna, bo sądzi, że należy być poważną, kiedy jest się fotografowaną, czy może chodzi o to, że życie wymaga od kobiet powagi.

U stóp tej poważnej kobiety siedzi mój dziadek, nie wygląda na zadowolonego, może oderwali go od jakiejś zabawy: ma dziewięć lat, a chwilę później ma już lat dziewięćdziesiąt i całuje swoje prawnuki.

A obok, na zdjęciu, kuzyn R.: i czternaście albo piętnaście lat później poważnej kobiecie w zōpasce przyśni się ten R., który wygląda już na tym zdjęciu całkiem dorośle. Przyśni się jej R., że dzieje się z nim coś złego. A potem kobieta w zōpasce dostanie list, trzy tygodnie później, i z listu kobieta dowie się, że w R. jest dziura: dziura ta nie zabrała w końcu R. życia, dała mu za to odznakę za rany, a może i Krzyż Żelazny, i Sturmabzeichen, nie pytałem, za co dostał poszczególne blaszki, co zdobią jego mundur na innej jeszcze fotografii, nie pytałem też o rangę podoficerską ani o sznur naramienny, którego znaczenia nie znam, ale wydaje mi się, że to sznur strzelecki podoficerów. Z dziurą w sobie R. trafia do szpitala w Nysie, z Nysy do Cieszyna, do kompanii ozdrowieńców: a kompanią zawiadują młodzi, rośli chłopcy.

I to oni decydują, który z rekonwalescentów jest już gotów, aby trafić na front. Jeśli dobrze pamiętam, R. nigdy nikomu nie opowiada o wojnie, a ojcu mojej matki, który siedzi z nim na tym zdjęciu z 1929 roku, potem podobno tylko raz mówi: „Na tyj wojnie to idźe yno ô to, coby dożyć aż sie ta wojna skōńczy". Więc ten R., który bez wątpienia nie kocha wojny i bez wątpienia jest w tej wojnie biegły, bo za nic blaszek do munduru nie dają, ten R. pyta gnojka: „A więc dlaczego to ty wysyłasz nas na front, Arschloch? Byku jeden — nas, podziurawionych? Sam idź". I zaczyna się otwarta konfrontacja, broń jest już w rękach, ale nikt nie naciska na spust, tyłowi żandarmi boją się tych chudych chłopaków, o których wiedzą przecież, że nawykli do zabijania, i potem pewnie pojawiają się żołnierze z błyszczącymi ryngrafami na bluzach, ale to nie jest żandarmeria polowa. Polowi żandarmi niejedną wstążkę Żelaznego Krzyża podziurawili kulami. Ci zaś boją się frontowców, sumienie ich targa, boją się blaszek przypiętych do znoszonych mundurów.

Więc sprawa jakoś sama się rozpływa, pewnie nikt nie informuje oficerów i R. wraca na front, i na froncie sowiecka kula robi w nim nową dziurę, i ta powstaje w samą porę, bo dzięki niej R. trafia do szpitala do Francji i dostaje się do niewoli na Zachodzie: tylko dlatego spotkałem go potem, jako niemy i głuchy świadek rozmów, które toczyli on i jego żona z moim dziadkiem stłumioną, mieszaną ze śląskimi słowami niemczyzną. Przyciszonymi głosami opowiadali o przeszłości, której nie wolno było mieć, o przeszłości nielegalnej. Mimo że wtedy, kiedy ja tam bywałem — nie pamiętam: dwa razy? — mówić można już było głośno, ale zdążyli już się przyzwyczaić do takiego życia za drzwiami starannie zamkniętymi, do życia polnych saren, od dziecka na grubie i pylica, i starość tak cicha jak życie.

* * *

Skończyłem pisać *Wieczny Grunwald* i nagle zdałem sobie sprawę, że nigdy żadna książka nie kosztowała mnie tak wiele, jakbym się wyżął na kartki. Jakbym przeciekł przez klawiaturę do pliku i jakby zostały we mnie straszne, puste dziury.

I skończyłem, w tempie dla mnie strasznym, zabójczym, i nagle zostałem z dziurawym samym sobą, z dziurawym mózgiem, z euforycznym poczuciem, jakbym był obok siebie. Nie umiem się od tej książki oderwać myślami, prześladują mnie nocą koszmary: te, które sam napisałem. Może to sprawiedliwie, przeżyć najpierw to małe piekło, do którego wciągam czytelnika. I pewnie inaczej, mniej intensywnie nie dało się tej książki napisać, nie mógłbym napisać tej powieści powolnym rytmem starego literata, pracującego od ósmej rano do dziesiątej, a potem na tenisa, musiałem ją z siebie wypluć, wylać. I musiały zostać dziury. Gdyby nie zostały, to znaczyłoby, że nie dałem z siebie tego, co się w tej książce, strasznej książce o strasznym świecie, znaleźć musiało, tego, co się jej należało ode mnie. Zresztą pewnie zarosną szybko.

Lubię mówić, że pisanie to zawód jak każdy inny, ale może tak nie jest. Nie wiem zresztą, nie znam się na innych zawodach — inne rzeczy, jakimi się zajmowałem w życiu dla pieniędzy, przyprawiały mnie, owszem, o różne poważne frustracje, żadna jednak nie sprawiła, że przestałem sam siebie poznawać.

Próbuję więc to psychosomatyczne rozedrganie jakoś zagłuszyć: w nocy nie śpię, w dzień nie do końca jestem na jawie, bom zbyt niewyspany, więc wypruwam sobie płuca marszem, hantlami, aż mdleją ramiona, euforycznym pisaniem innych rzeczy wątpliwej chyba jakości i żeby spać, potrzeba mi rauszu od wina, a wino działa na mnie inaczej niż zwykle, może być też rausz od dziesięciu kilometrów pokonanych najszybciej jak umiem, z Rammsteinem w słuchawkach, do wyplucia płuc; synchronizuję krok z rytmem *Rosenrot* i rytm mnie hipnotyzuje, wracam do domu zlany potem, odurzony, wreszcie mogę spać.

Albo stoję, moknę i z jakąś perwersyjną, przewrotną ciekawością patrzę na rzekę, która oswobodziła się ze swojego koryta, tak jak moja książka wyrwała mi się spod palców — a rzeka ominęła most, przelała się przez ulicę i teraz stalowa woda, siny asfalt oraz sine niebo zlewają się w jedną drogę, w jedną opalizującą skorupę.

I odwracam się ciągle, patrzę za siebie, kto stoi za mną, kto za mną idzie?

Ale i w tym rozedrganiu, w tym strasznym stanie, w jakim jestem, znajduję prostą, podstawową radość: oto skończyłem powieść, skończyłem ją prawdziwie, nie tylko napisałem „KONIEC", ale dałem jej z siebie tyle, ile dać jej należało, ile dać mogłem. I to jest tego małego szaleństwa warte, bo ono odciśnie swoje ślady, ale minie, a książka zostanie.

* * *

Jadę powoli przez miasto, które nagle odżyło, bo to pierwszy dzień zupełnie letni po zimie, od której nie chciało się żyć, po ponurej wiośnie i po powodzi.

Hamuję przed światłami. Obok na chodniku zatrzymuje się piękna dziewczyna na rowerze, o bardzo białej skórze, o spiętych rudych włosach i w czerwonych okularach. Jest rozgrzana jazdą, na jej czole błyszczy pot i jest też wzburzona. Stoi, mówi coś podniesionym głosem, gestykuluje, mówi do starszej kobiety, również z rowerem; jechały razem. Nie słyszę słów, bo bardzo głośno gra Jamiroquai w samochodowym odtwarzaczu. Ta druga kobieta: czy to jej matka, czy znajoma z pracy?

A ruda rowerzystka nagle odwraca się, jakby poczuła moje spojrzenie, patrzy na mnie, robi mi się głupio, że się tak gapię, więc odwracam wzrok, ale zaraz potem zerkam na nią znowu. Ona już nie mówi podniesionym głosem, tylko patrzy w asfalt pod nogami, jakby zawstydzona, że zza pancerza samochodu stałem się świadkiem czegoś, sam nie wiem czego — kłótni?

A potem: bardzo gruby mężczyzna z nagim torsem, z drżącym bladym brzuchem i z wielką okrągłą głową. Stoi na podwórzu swojego domu, w wysokiej trawie i ostrzy kosę, wodząc osełką, jakby grał na skrzypcach. Ma opasły kark i bardzo chude nogi w obcisłych dresach.

A potem: stara kobieta w odświętnej letniej sukni stara się iść po chodniku, pomaga sobie balkonikiem, stawia przed sobą ten balkonik, lecz albo chodnik jest krzywy, albo staruszka traci równowagę, bo balkonik się chwieje, ale znowu, następny krok, tak samo pozornie chwiejny, jednak idzie, idzie, idzie.

I chciałbym w tej trójce dostrzec jakiś porządek, jakiś sens, jakiś kosmos. Ale nie dostrzegam. W przypadek też nie wierzę. Bo ci ludzie, dziewczyna, grubas, staruszka, to po prostu życie i literatura, w tym nie ma ładu, sensu ani przypadku, bo życie i literatura są większe niż wszelki sens i wszelki przypadek.

* * *

Śniłem rozgłośnię radiową: żadnego terkoczącego jak młynek modlitewny prezentera, żadnych polityków, żadnych artystek scen polskich, żadnych przebojów, tylko wiatr wśród rozbitych szyb i spalonych komputerów, bezwartościowe banknoty murszeją w nierozprutych sejfach.

2011

Próbowałem podsumować zeszły rok, a jednak nie umiem. Bo przecież w podsumowaniach nie chodzi o to, co się wydarzyło, nie chodzi o jakąś kronikę, do tego mam notesiki z gumką, czarne i czerwone, w których spisane są czyny i słowa różnymi kolorami atramentu.

Było więc trochę klęsk, trochę zwycięstw, progres zachowany, co do zasady, to był to dokładnie taki sam rok jak każdy kolejny od 2006, to znaczy od kiedy utrzymuję się z pisania, czy może raczej od 2007, kiedy w końcu zrozumiałem, że mogę się utrzymywać z pisania, a praca na etacie byłaby mi potrzebna wyłącznie do tego, żeby pożyć „normalnym życiem" i z grubsza połapać się, o co chodzi w tym związanym z „chodzeniem do pracy" oceanie naszej kultury, w tych wszystkich biurowych frustracjach, radościach i smutkach, pisać o tym nie będę, bo to świat mi obcy, ale wiedzieć muszę.

W końcu jednak uznałem, że do tego wystarczą mi moje niecałe dwa lata w wydawnictwie, w dziale praw zagranicznych, które to lata zaowocowały paroma sympatycznymi wyjazdami za firmowe pieniądze, tysiącem przeczytanych i starannie zapomnianych książek o biznesie i innych nudziarstwach, oraz ogólną frustracją, permanentną chandrą i jakąś wielką ulgą, kiedy nie przedłużono mi dwuletniej umowy — dopiero z dystansu widzę, jak wiele dobrego przyniosła mi ta decyzja, która wtedy wydawała mi się niezrozumiała i niesprawiedliwa. Rzeczone wydawnictwo bez wątpienia również nie ucierpiało na skutek naszego rozstania, bo umówmy się — do normalnej pracy nadaję się chyba mniej nawet niż, powiedzmy, do baletu.

Co przypomina mi o tym, że życie ma swój nurt, którego nie dostrzegamy. Mała niesprawiedliwość częścią sprawiedliwości większej. Myślę, że dharmy własnej odczytać nie sposób, nie da się jej rozpoznać świadomie, tym może różni się od chrześcijańskiego powołania, nie należy się tej dharmie sprzeciwiać, trzeba pozwolić się nieść życiu. Spojrzeć na wszystko przez odwrotną stronę lunety: na miłość patrzeć ze świadomością, że może zawieść i że kiedyś umrze, jeśli nie za naszego życia, to przecież umrze w końcu razem z nami, bo w eschatonie każdy z nas będzie już zupełnie sam, jakkolwiek by ten wyglądał — nie wyobrażam sobie innej konfrontacji z Absolutem niż przez absolutną samotność. Podobnie jak z niebytem. Jeśli nie przez anihilację, co wydaje mi się nawet bardziej prawdopodobne, a anihilacja to samotność nawet wobec samego siebie.

I tak samo chcę patrzeć na przyjaźń: trzeba sycić się nią i radować, wiedząc, że przyjaźń, która się nie kończy, często trwa jedynie dlatego, że zawsze była tylko mdłym koleżeństwem.

I trzeba dużo, często myśleć o śmierci, w zasadzie być może o śmierci należy myśleć bez przerwy, i to nie jakoś tam abstrakcyjnie; sądzę, że pożytecznym ćwiczeniem dla ducha jest nieustanne wizualizowanie sobie śmierci własnej i śmierci bliskich, wszystkich bliskich, próba odnalezienia w sobie tego najchłodniejszego spojrzenia na śmierć, próba odnalezienia w sobie obojętności, obojętności sycącej się obfitością fenomenów i subtelną złożonością życia, lecz nie przywiązującej się do niczego.

Dobry żeglarz nie widzi wiatru, nie patrzy na wimpel ani na icki, których wskazania i tak są tylko wypadkową wiatru rzeczywistego i własnego, które i tak nie wskazują niczego oprócz zawirowań, bo podmuchy wiatr ukrywają. Żeglarz wprawny czuje wiatr na twarzy, czuje wiatr pod kurtką, czuje go na rumplu, na żaglach, czuje przez kadłub i w tym, jak dziobnica tnie wodę — i tak samo dharmy nie ujrzymy, nie odczytamy, lecz to ona nas pociąga i pcha. Anglosaska propedeutyka żeglowania jako pierwszą, najważniejszą prawdę przekazuje: Let the boat sail. Pozwól żeglować łodzi. Pozwól prowadzić się dharmie.

Coś się jednak w roku 2010 wydarzyło we mnie, czego dziś nie umiem jeszcze podsumować. Napisałem wtedy *Wieczny Grunwald*. Nie potrafię jeszcze odsunąć się od siebie na tyle daleko, by stwierdzić, czy to przełom we mnie zaowocował książką, czy pełna zdziwień, podążająca za pisaniem lektura własnej książki skutkowała przełomem, czy rzeczy te zdarzyły się po prostu równocześnie, ale bez wątpienia coś się wydarzyło. Zdołałem znaleźć w sobie odwagę, by w końcu porzucić różne maski i samoidentyfikacje, które mierziły mnie już od dawna, ale ciągle byłem do nich przywiązany, ciągle łudziłem się, że znajdę w nich w końcu jakąś wartość, nie wiadomo jaką, tchórzliwie przywiązany byłem do nich, jak niektórzy przywiązują się do przedmiotów, których tak naprawdę nie potrzebują.

Kiedy więc skończyłem *Wieczny Grunwald*, to, jak to się mówi w kościółkowym slangu, stanąłem w prawdzie o sobie. Nie bardzo mi się ta prawda spodobała, ale jeszcze mniej podobało mi się samookłamywanie, więc dałem sobie spokój, dałem sobie spokój bycia ze sobą bez przymiotników, zrozumiałem, że mogę być ja-jako-ja, zrozumiałem, że tak naprawdę liczy się dla mnie tylko ta z góry skazana na niepowodzenie próba zrozumienia życia czy raczej próby i literackie dokumentowanie tych prób. Nie mam światopoglądu, nie obchodzą mnie prawacy w świętym starciu z lewakami, którzy również mnie nie obchodzą, kiedy zaś widzę różnych umiarkowanych centrystów, to dostaję mdłości z obrzydzenia. Nie ma hasła, które sprawiłoby, że chciałoby mi się trzymać transparent.

Poza tym obejrzałem *Black Swan* Aronofsky'ego, *A Single Man* Toma Forda i *Valhalla Rising*, i dużo seriali. Poza tym piję z przyjaciółmi, z którymi chce mi się pić — i dzięki wam, przyjaciele, za wieczory i noce, za przedłużające się ku wieczorowi śniadania i kawy, za wino w Gruzji i w Krakowie, na Saskiej Kępie, na Grochowie, za soczyste steki w sosie z zielonego pieprzu w katowickim Spencerze i za tatara i pszenicznego tuchera tamże, za zupę z kalmarów w życzliwym domu w krakowskich Opatkowicach, za kaczkę w Pikanterii, za chianti, za vranaca, carménère, pinot noir, za ciężkie, niefiltrowane, miodowe w kolorze rkatsiteli i mętne saperavi kachetyjskie, za wszystkie ciężkie lub lekkie rozmowy przy moim stole kuchennym i w trasie na drugi koniec Polski, i gdzie tam jeszcze, za to wam dziękuję — i patrzę, jak rośnie mój syn, i bawię się z nim klockami Lego, i czytam mu *Kubusia Puchatka*, patrzę, jak towarzyszy mojemu tacie w ogrodowych pracach, i razem odśnieżamy wjazd do garażu, i z A. oglądamy nocami filmy, i regularnie przegrywam w squasha z Krzyśkiem, i słucham nowych płyt Swansów i Waitsa, i Beth Gibbons, i dużo czytam — tych co zwykle, ale też sporo Kundery i innych, sporo czasu też marnuję, pozwalam mu przeciekać, wtykam nos do kieliszka z winem i do pojemnika ze świeżo zmieloną kawą, bo nie ma lepszego zapachu na świecie, chyba że ślad ciężkich perfum we włosach rozgrzanej tańcem kobiety. I piszę. I niech to trwa, tego sobie najpobożniej życzę, niech to trwa razem z chandrami, z kłótniami, z kłopotami, niech to trwa, jak długo może, a potem niech trwać przestanie i niech będzie potem nowe.

Let the boat sail.

* * *

Wiatr mrozem ściska czaszki, aż skrzypią, na śniegu czarne mundury, na czakach czerwone ptaki trzaskają kalekimi skrzydłami, białe, martwe tło. Stalowe nieba, tak wiele nieb, jak wiele jest chmur, tak wiele różnych szarości. Wielkie słońca tub basowych, puzonów, trąbek i waltorni i małe słońca guzików przy mundurach.

Chowają dobrego człowieka, chowają Ślązaka, i żona, i córki płaczą po śląsku: do wewnątrz, w siebie. Kiedy spod trumny wysuwają się belki, straszliwie szarpie ich małymi ciałami ten płacz, którego prawie nie widać na twarzach, i skalana wdowim piaskiem trumna zsuwa się w dół na linach.

Nie zabraknie im łez ani tęsknot.

A grzech mój zawsze przede mną, a wszystkie nasze dobre czyny jak skrwawiona szmata.

Przypominam sobie *Chryzantemę i miecz* Ruth Benedict: ciążące nad każdym Japończykiem poczucie niespłacalnego długu wobec rodu i cesarza, długu, który jest fundamentem jednego z wielu japońskich „honorów" i który sprawia, że w japońskich romansach — w przeciwieństwie do europejskich — mężczyzna w tragicznym wyborze między lojalnością wobec rodu a miłością do ukochanej wybiera w końcu zawsze rodzinę.

— Jerzina, ôōn bōł taki młody — szepcze za mną bardzo stara kobieta.

Stoję między grobami dzieci starszych ode mnie, zdrobnienia wyżłobione w szarym piaskowcu.

Jestem bardzo mały, przycięty na wymiar powściągliwym, śląskim smutkiem, smutkiem dalekim. Człapię po mokrym asfalcie w bardzo długim pochodzie, wieńce i czerń na długo zatrzymują ruch na drodze krajowej numer 44, na próżno zmieniają się światła, czekają cierpliwie smutne twarze za mokrymi szybami, wycieraczki zgrzytają razem z marszowym bębnem orkiestry. Ściągam rękawiczki, szepczę formalne kondolencje, ściskając małe, zimne dłonie, to ważne, żeby nie powiedzieć nic więcej, nie należy mówić zbyt wiele, a już na pewno nic „od siebie", to nie czas na mówienie „od siebie", cóż by można powiedzieć „od siebie"?

Idziemy potem z siostrą na grób babci, nieopodal, czarni, zlodowaciali, idziemy po białym śniegu, z nosów nam cieknie. Leży babcia pod ziemią, pod kamieniami i pod kwiatami, i pod śniegiem, rozpuszcza się w tej ziemi, a obok jej mąż, mój dziadek, pół wieku dłużej w dole, a parę grobów dalej jej siostra i szwagier. Wypowiadam moje modlitwy, nie rozumiem słów, mnę je zmarzniętymi wargami i patrzę się w glinę, i pytam gliny: czy mnie również tak chętnie przyjmiesz?

* * *

Czytam *Sindbad powraca do domu* — i nie wiem już, czyja to książka. Krúdyego czy Máraiego? Napisał ją Márai jako życzliwy persyflaż tekstów swojego mistrza Krúdyego. Niektórzy mówią nawet, że Márai, pisząc *Sindbad powraca do domu*, stworzył najlepszą powieść Krúdyego. Krúdy jest również jej głównym bohaterem, ukryty pod przydomkiem, jaki sam sobie nadał w serii swoich felietonów poświęconych Sindbadowi.

Jest więc Sindbad miejskim mędrcem, żeglarzem trotuarów, alej i bulwarów, komandorem budziańskich łaźni i peszteńskich kawiarń, kapitanem dorożek i admirałem miejskich tramwajów, wypływającym rano z portu mieszczańskiego mieszkania, aby zdobyć pieniądze na mundurek dla córki.

I Sindbad wie wszystko o życiu. Allan Bloom napisał to kiedyś o Szekspirze: Szekspir wiedział wszystko. To niewątpliwie prawda, Szekspir napisał wszystko, czego się można dowiedzieć o ludzkiej kondycji: o zdradzie i zazdrości znikąd nie dowiemy się więcej, niż możemy dowiedzieć się z *Otella*. I tak dalej — na każde szarpnięcie człowieczeństwa, na każdy ton ludzkiej duszy jest Szekspira sztuka lub sonet.

Jednak Szekspir nie pisał o tym, że wszelkie nieszczęścia zaczynają się od tego, że wszystkim porządnym ludziom brakuje czterystu pięćdziesięciu pengő miesięcznie. Wiedział o tym może, ale o tym nie mówił, a przynajmniej nie tak, jak nurzając się w łaźni, mówi Máraiowski Sindbad, sam nie wiem, mądrością Krúdyego czy mądrością Máraiego: „Czterysta pięćdziesiąt, całkiem osobno i niezależnie od wszystkiego, to jest zaklęcie i zadanie herkulesowe, któremu Węgrzy nie są w stanie podołać. Widziałem brodatych mężczyzn na beczce, którzy na całe gardło krzyczeli o szczęściu ojczyzny, i słuchając ich, mruczałem, bo wiedziałem, że tak naprawdę brakuje im tylko tych czterystu pięćdziesięciu pengő, a muszą je skądś zdobyć do pierwszego, by przekazać je opuszczonej małżonce, która ma drukarenkę płócien pod haft gobeliniarski przy ulicy Kaplony, czy wybrance, która trudzi się dzierżawą gruntów w komitacie Borsod. Widziałem pisarzy, którzy zanurzali pióra w szkaradnych jadach nienawiści i plotki zamiast atramentu i sprzedawali swój honor i duszę, żeby wydrapać na pierwszego tych czterysta pięćdziesiąt na czynsz za mieszkanie swojej kochanki, bo w podeszłym wieku nagle spadła na nich miłość, a potem na raty za fortepian zakupiony przez tę damę"*.

Te czterysta pięćdziesiąt to, według moich szacunków, około ośmiu tysięcy naszych dzisiejszych złotych. Właśnie tyle brakuje wszystkim przyzwoitym ludziom, nieprawdaż? Oczywiście niektórym

* Przełożyła Teresa Worowska.

brakuje o wiele mniej. Tysiąc złotych lub chociażby pięćset, byle czynsz zapłacić. Ale tyle brakuje, aby przeżyć — tymczasem nie o przeżyciu tutaj mówimy, lecz o zaspokojeniu. Więc gdyby było jeszcze te osiem tysięcy przeklętych, świętych złotych!

Niegłupio mówi Abradab: „Mamy królów na banknotach". Więc osiemdziesiąt Jagiełłów co miesiąc, całkiem osobno i niezależnie od wszystkiego, i jakże jaśniejszym, czystszym, niewinniejszym miejscem byłby nasz świat: nasza stolica pełna tych, którzy dla czterystu pięćdziesięciu pengő miesięcznie przełykają swoją przyzwoitość i ostrzą kły, aby wbić je w gardło bliźniego. Tak samo jak w miastach wojewódzkich i powiatowych, gdzie gardła przegryza się równie skwapliwie, tyle że na prowincji przyzwoitość chodzi o wiele taniej. Nie wykluczałbym, że przyzwoitość ma cenę skorelowaną z ceną nieruchomości.

Najłatwiej zatrzymać się na obserwacjach: każdy ma swoją cenę. Albo: nie ma ludzi niesprzedajnych, są tylko źle opłaceni. Lecz nie o to tutaj chodzi. Ważniejszą obserwacją Sindbada jest to, że dla ośmiu tysięcy złotych ludzie zdolni są dokonywać nawet czynów najszlachetniejszych. Zdolni są do poświęceń, zdolni są tworzyć arcydzieła, zdolni są do największej mądrości i szczerej przyjaźni. Bo brakuje im czterystu pięćdziesięciu pengő miesięcznie. Bo tylko głupcom wydaje się, że prawdziwa sztuka powstaje niejako obok, mimo pieniędzy: wydaje im się, że artysta miałby tworzyć dla jakichś tajemniczych, wyższych wartości, honorarium przyjmując wstydliwie, niejako mimochodem, niby za dzieło, ale obok, po to, aby przeżyć. To ci głupcy właśnie chętnie operują pogardliwym słowem „komercja" — całe szczęście, że Rembrandt o niebezpieczeństwach komercji nie słyszał. Prawdziwa, wielka sztuka, ta, która dotyka tajemnicy Życia, taka sztuka powstaje dla pieniędzy. Dla tych ośmiu tysięcy miesięcznie bez względu na wszystko, dla czterystu pięćdziesięciu pengő, dla nich powstaje, a one nigdy nie nadejdą.

Bo wielką mądrością Sindbada jest to, że owych czterystu pięćdziesięciu pengő miesięcznie zabraknie wszystkim. Wbrew ekonomii, bo to nie jest sprawa ekonomiczna. Ekonomia powie nam, że na pewno nie starczy ich dla każdego, lecz Sindbad mówi: nie starczy ich dla nikogo. Każdemu zabraknie. Jest to mądrość antropologiczna. Nawet, być może, metafizyczna: każdemu zabraknie ośmiu tysięcy na miesiąc, zawsze i bez względu na wszystko. To jakaś tajemnicza, okrutna prawda o człowieku, o jego wiecznym niezaspokojeniu. Cała sprawa z życiem, jak mi się wydaje, polega na tym, gdzie damy się temu niezaspokojeniu zaprowadzić.

* * *

Po bułki chciałem pójść z synem, bo krótki spacer sprzyja rozmowie abstrakcyjnej, oderwanej od scenografii, niezahaczającej o zabawki i przeklętego „Zygzaka Makłina", za to z dziecięcymi głupimi pytaniami „dlaczego" i z dorosłymi głupimi odpowiedziami „dlatego"; bardzo potrzebujemy, mój syn i ja, tych głupich pytań i głupich odpowiedzi, nie przynoszą nam żadnej mądrości, ale otaczają nas bezpiecznym ciepłem „rozumienia", cóż z tego, że fałszywym, lepsze fałszywe niż żadne.

Pacholę złotowłose (białe złoto) nie chciało jednak iść na spacer, zajęte budowaniem statku kosmicznego, który strzela, jeździ i lata i za którego pomocą pacholę zamierzało przez resztę poranka opiekować się mamusią. Próby przekupstwa spełzły na niczym, pacholę nie sprzedało się za marne obietnice zakupu „czegoś dobrego", poszedłem więc sam.

A w zasadzie nie sam, bo skoro miałem iść sam, to poszedł ze mną Miles Davis; i zapaliłem sobie papierosa „po konwicku" (czyli przed śniadaniem, podobno najlepszy — bo najbardziej skraca życie), poszedłem tą samą drogą, którą poszedłbym z dzieckiem, tyle że zupełnie inną.

Słuchałem więc *Nuit sur Les Champs-Élysées*, z *Windą na szafot*, paliłem papierosa, dziwiłem się radośnie temu, że znów jest tak ciepło, i idąc po te bułki, byłem przecież zupełnie gdzieś indziej i kimś innym, niż byłbym, gdyby obok mnie mój pierworodny wbiegał na skarpy, rozchlapywał kałuże, naśladował „styl smoka" i paplał.

Teraz nie jestem ojcem i to tak, jakbym nigdy nie był, jestem dymiącym przechodniem, który idzie po bułki, jestem człowiekiem, który patrzy pod nogi i przed siebie, i w niebo, i prawie nie pamięta już o lepkich, ciemnych koszmarach śnionych niedawno, jeszcze się tlą, dogasają na czarno. Jestem mężczyzną, który rozchlapuje kałuże, bo włożył specjalnie z powodu tych kałuż górskie buty, nie przemokną, jestem kimś, kto nie myśli o niczym, niczego nie planuje, nawet tego, co trzeba kupić w sklepie, nie myśli ani o sobie, ani o innych, nie kocha, nie jest kochany, nie jest ani z kimś, ani sam, prawie jakbym zniknął. I śnieg znika, i muzyka upiększa paskudne skądinąd Pilchowice: tak jak najgorszą szpetotę potrafi w sposób raczej banalny wysublimować gruboziarnista czarno-biała klisza. Dziurawy asfalt i kałuże na chwilę nabrały charakteru tekstury, sine niebo stało się tłem i ogólny brud odwilży próbuje udawać społecznie zaangażowany realizm. I rausz delikatny, od nikotyny i papierosowej hiperwentylacji, i nie ma mnie, są tylko kroki, domy, drzewa, niebo, domy, kałuże, ja w kałużach, ale przecież nie-ja, zimno w dłonie, asfalt jak skóra czarnego smoka, kamyki zatopione w niej jak łuski, jak pąkle w skórze Lewiatana, poranek czysty, nic mnie nie boli, więc prawie jakbym nie miał ciała, a poza ciałem nie ma mnie wcale. Patrzę na świat raz okiem krowy, a raz okiem Boga: widzę, nie próbując rozumieć, albo rozumiem, nie próbując nawet patrzeć; dwie oddzielne prawdy spojrzenia i rozumienia, prawdy, których nie da się spoić w jedną.

A potem kupuję bułki i wracam do domu.

* * *

Śląsk czasem bywa piękny, różnymi pięknami: czerwonej cegły niemieckiego ekspresjonizmu Zabrza, surowym tynkiem polskiego modernizmu Katowic. Jeżeli cokolwiek dobrego przyszło Śląskowi ze strasznego rozdarcia lat dwudziestych, to właśnie ten wyścig dwóch nowoczesności.

Cieszę się, że oszczędzono górnośląskiej konurbacji losu stęchłego miasta mumii, zalanego werniksem mieszczańskiego konserwatyzmu. Wzniosły jest krajobraz zdemobilizowanej totalnej mobilizacji, die totale Mobilmachung demobilisiert, krajobraz umarłych fabryk, hut i kopalń jak szkielety pradawnych Lewiatanów, zbrojenia w grudach betonu jak wieczne żebra płetwali wygrażające północnym bogom spitsbergeńskich plaż.

Potrafi więc być piękny, lecz ostatnio piękny nie był. Dawno nie jechałem pociągiem relacji Gliwice–Katowice, bo autostradą jestem w centrum Katowic w trzydzieści minut, więc pociąg w ogóle nie ma sensu, a wczoraj właśnie jechałem pociągiem pełnym zimowych, smutnych i brzydkich ludzi, bo spodziewałem się spędzić wieczór w naszym wesołym Männerbundzie, jeść, pić bardzo dużo, żartować i pić jeszcze więcej, puchary z pszenicznym tucherem w górę.

Jadę więc ku przyjaciołom, a Śląsk jest najbrzydszym miejscem na świecie: wylazł spod znikającego śniegu jak jesienne truchło kocie, odtajał i zaczął śmierdzieć, trawa nasiąkła sadzą, ludzie w przegrzanym pociągu, odziani zbyt ciepło, pocą się intensywnie pod puchowymi kurtkami.

Wysiadam. Idę dalej, a zatem Katowice modernistyczne, to znaczy najpierw wspaniały Sejm Śląski, na którym nie ma już płaskorzeźb Szukalskiego, potem modernizm prosty, funkcjonalny, potem trochę paskudnego historyzmu secesji, stiuki z fabryki architektonicznych detali i jakaś ponura groteska kamienicy, po której obu stronach umarła, a może nigdy się nie narodziła pierzeja (nie sprawdzałem), i stoi ta groteskowa kamienica wśród brązowej trawy, otoczona zardzewiałym płotem. Niczego ten płot nie wydziela ani niczego nie strzeże, tylko trwa i po obu jego stronach jest „tam", nigdzie nie ma „tu". Kamienica stoi ze swoimi gzymsami, wolutami, ozdobnymi nadprożami i absurdalnym boniowaniem, chociaż tynk i cegły zszarzały od oddechu Lewiatana, stoi, jakby zbudowano ją w jakimś hanzeatyckim mieście, jakby po jej schodach, załatwiając swoje ponure interesy, wspinali się kupcy Hamburga i Lubeki, jakby wyrwano ją z wiktoriańskiej powieści o tym, jak być człowiekiem przyzwoitym, i zrzucono z samolotu w cielsko śląskiego smoka, gdzie wbiła się idiotycznie między łuski i żebra i stoi; smok już zdechł, nie pompują smoczej krwi serca hut, nie wysypują się z domków osiedli patronackich Nikiszowca czy Borsiga mali, podziemni niewolnicy, których raz do roku budzi przeklęta orkiestra z tubami i puzonami jak małe słońca.

A kamienica trwa, wbita między łuski i żebra, i mam wrażenie, jakby się lekko przechylała, a ja siedzę już przy stole, Śląsk został za drzwiami, pszeniczne piwo pijemy, jucha ciecze z grubych steków, kiedy kroją je zębate noże, a potem nocą wytaczamy się, bardzo weseli, ze zwykłego miejsca naszych sympozjonów, komerszów, biesiad, chodzi o to samo, o beznadziejne, ale przyjemne poszukiwanie drzwi prowadzących poza samotność. Idziemy weseli, zamaszyści, idziemy niedaleko, na Mariacką, wchodzimy, weseli, zamaszyści i jakbyśmy przeszli z naszego piwnego wesela na wódczaną stypę, młode żywe trupy chwieją się na ławkach i między martwymi klombami i kontenerami pełnymi gruzu, w ponurej Meduzie przynajmniej można palić, żywe trupy palą, piją i szukają wątłego chociażby dowodu na to, że ciągle są żywe, ale gdzież taki dowód znaleźć, jak znaleźć, skoro od dawna jest się martwym? Martwe dziewczyny o szklanych oczach pytają, czy idziemy do Lemoniady, nie idziemy, nigdzie nie idziemy, prawie w milczeniu dopijamy ostatnie piwo, na stojąco, i dobranoc, dobranoc przyjaciele, uciekamy od śmierci ku śmierci.

Niebo zimowej nocy jak smocze skrzydła, smocza krew we mnie, drży smocze cielsko pod naszymi stopami.

* * *

Czym dzisiaj epatować pozytywistycznie konserwatywno-socjalistycznie-liberalnych, tępo zadowolonych mikroburżujków z centrum handlowego, takich, co to i do kościółka pójdą, i flamie bachora wyskrobią, jeśli trzeba, i potem się tym wyskrobaniem zasmucą, i nawet pójdą na psychoterapię? Można urządzać marsze i kontrmarsze, z pochodniami i z arafatkami, przestraszą się, tyle że mi się nie chce. Można wieszczyć ze szczątków samolotu, jak kapłan z kości w ogień rzuconych, ale tego też mi się nie chce, bo we wróżby wierzę tylko wtedy, kiedy wróżą mi wszelką pomyślność. Mikroburżujek, jak mi się zdaje, nie zasłużył na bycie epatowanym, epatować można i warto było dawnych strasznych mieszczan, dzisiejsi mikroburżujkowie to dawni mieszczanie już fabrycznie zepatowani, nic w nich do zepatowania nie zostało, skorupy wyschnięte. Wolę już epatować prawackich dziarskich chłopców, lewackich dziarskich też mógłbym i potrafił, lecz czerwona walkiria Ulrike Meinhof już nie żyje. Ale i prawaccy, i lewaccy dziarscy chłopcy to i tak zwykle żywe trupy, zafiksowane na swoich konceptualizacjach jak tomista na *Summie* albo raczej jak zombie na wyjadaniu ludziom mózgów, a jak się trupa walnie prądem, to może i nim trochę potrząśnie, jak żabimi nogami Galvaniego, lecz ożywić się przecież nie da. Spalić, co najwyżej, ale takiej mocy to ja nie mam.

Wolę więc pisać, po prostu: dla czytelniczek, jeśli są jeszcze w tej zombie-apokalipsie jakieś żywe czytelniczki, i dlatego wstaję czasem o piątej rano, wstaję czarnym świtem, żeby ukraść wieczory ich mężom, narzeczonym i konkubentom, żeby wleźć do ich sypialń i leżeć na ich nocnych stolikach.

* * *

Palinko, palinko, przecież spłynąwszy do pustego brzucha, nie zmienisz mnie w kogoś, kim nie jestem! Przecież nie jestem Sindbadem, nie chcę być Sindbadem, węgierski pisarz interesuje mnie o tyle, o ile jest pisarzem w sposób bardzo interesujący, wszyscy oni, jednocześnie prości i wyrafinowani, prostaccy i dandysowscy, bardzo mądrzy i bardzo naiwni, inni niż polscy pisarze, weselsi niż polscy pisarze i smutniejsi jednocześnie. Gwiżdżący na wszystko i jednocześnie skłonni pojedynkować się, bo ktoś rzucił straszliwą potwarz, mówiąc, że psychologia postaci u Jókaiego nie jest mocna.

I Łukasz Orbitowski sobie z tego zainteresowania mojego żartuje, i słusznie, bo od takich i pięćset razy mocniejszych żartów i od prawdy są przyjaciele, więc Łukasz, kiedy chce mi dokuczyć, nazywa mnie Szandorkiem, a teraz pyta: „No i jak ci w mateczniku, Szandorku?". I słusznie drwi, nie należy za dużo czytać jednego pisarza, można sobie zepsuć smak do literatury.

To jednak nieprawda, nie próbuję przecież udawać, że mój świat w czymkolwiek przypomina tamten świat triumfującej burżuazji, już zostawmy węgierską, lecz burżuazji w ogóle, i w zasadzie nie tęsknię przecież nawet za tamtym światem, bo, na Boga, mógłbym może wyrwać się z podziemnej niewoli, jak wyrwali się z pokoleniowej konieczności Korfanty czy paru innych, ale czy raczej nie zostałbym kimś w rodzaju Ociepki, tyle że bez Ociepki szaleństwa? Jeśli w ogóle, jeśli burżuazyjny świat nie przytrzymałby mnie żelazną ręką tam, gdzie się w nim powinienem narodzić, w schludnych kuchniach i antryjach domów z cegły czerwonej, z błękitem haftowanymi makatkami na ścianach, tam powinienem żyć, w dumnym niewolnictwie szychty i szoli, i bractwa hajerów, i tam umrzeć, w czarnym jelicie ziemi.

Więc nie, nie tęsknię. I nie próbuję udawać kogoś, kim nie jestem. Lubię tych wszystkich martwych Węgrów bardzo, stanowią maleńki wyjątek w mojej sprawiedliwej, powszechnej mizantropii podlanej śląskim resentymentem, najżałośniejszą z ksenofobii, przy której trwam bohatersko, tak jak naiwne kobiety trwają przy złych mężczyznach i w kłótniach o zupę tracą kolejne zęby.

A teraz wypiłem dobrej palinki, na żołądek pusty i spragniony, spłynęła i rozpaliła mi wnętrzności, i zjadłem zupę gulaszową, szczęśliwie w niczym nieprzypominającą tej szarej brei ze złej wołowiny, która oblepia i dusi polskie kartofle. I czekam na danie główne, czekam cierpliwie przy drugim piwie, druga palinka czeka na mnie, nie mam dzisiaj ochoty na wino. Do gulaszowej zjadłem pół bochenka chleba, diabli niech wezmą dobre nawyki żywieniowe, z takim poświęceniem wypracowane i utrwalone, diabli niech je wezmą przynajmniej dzisiaj.

Diabli niech wezmą wszystko, bo nie jestem Sindbadem, ale dzisiaj dzień spędziłem samotnie, jakbym szedł, niewidzialny, jego śladami, to znaczy nie samego Krúdyego, oczywiście, ani Máraiego, lecz węgierskich pisarzy w ogóle, jakbym ich prześladował moim niezdrowym zainteresowaniem, to znaczy rano z bólem serca próbowałem pisać i nie pisało się, więc zjadłem hotelowe śniadanie, po którym pobiegłem natychmiast do recepcji i odwołałem hotelowe śniadania na dni kolejne, a potem wyszedłem w zimowy Budapeszt, jakiego nie znałem wcześniej, Budapeszt pusty, zimny i biedny, i poszedłem do Centrál Kávéház, udającego ten Centrál, w którym zbierali się pisarze pokolenia „Nyugatu", mistrzowie Máraiego i nauczyciele.

Udaje, jak sądzę, udatnie: tanie secesje, niby-marmurowe stoliki, brąz, bordo i złoto, dobra kawa, raczej na wiedeńską modłę, więc oczywiście żadnego latte, tylko kapuziner. I siedzę sobie w kącie, piję kawę i przywołuję tych Węgrów, których węgierskość w zasadzie wcale mnie nie obchodzi, bo interesuje mnie raczej ich europejskość, specjalna, odrębna europejskość, a dlaczego mnie interesuje — nie wiem.

Potem praca, w końcu jestem tu w pracy, trochę użalania się nad sobą, bo siebie nie zostawiłem w domu, żeby się nad sobą nie użalać, a potem zabieram *Zazdrosnych* Máraiego, idę do Hotelu Gellért, a jakże, do term.

A w termach wiszę w wodzie o temperaturze ludzkiego ciała, potem do łaźni parowej, potem znowu trzydzieści sześć stopni, potem znowu parówka i czytam o tym, jak Péter Garren rozstaje się ze swoją La, ze swoją kochanką o czystym sercu.

Bardzo to wszystko zmysłowe, jak na Máraiego, naprawdę wzruszające i smutne, jak smutny jest Péter Garren, bezradnie rozpięty między kochanką, która ginie w płomieniach, a żoną, która żyje i którą Garren kocha, ale opuszcza, by jechać do ojca, który umarł.

Ale brzmiało to inaczej, niż można by się spodziewać, inaczej, bo czytałem otoczony przez nagich starców, w fartuszkach zakrywających krocze, lecz odsłaniających nagie, starcze pośladki, albo i bez tych fartuszków. A byli to starcy niedołężni, ledwie powłóczący nogami, starcy o białych ciałach, którym drżały ręce na wspomnienie tych wszystkich niepotrzebnych czynności, jakim się w życiu oddajemy. Powoli, ostrożnie wkraczali do ciepłej wody, jaka ulga, kiedy woda wspiera i wreszcie unosi ich starcze ciała, które nie chcą się już nieść same; starcy zanurzeni aż po drżące żuchwy, na zielonej wodzie kręgi od tych drżeń.

Byli tam starcy nie tak jeszcze starzy, lecz ci, którym rak wydarł wszystkie włosy z ciała, żadnych brwi, żadnych włosów łonowych, pomarszczone, smutne niemowlęta lękliwie szukające zdrowia w ciepłej wodzie — nie znajdą go, nie ma w tych ciałach już miejsca na zdrowie.

Byli tam też młodzieńcy, mężczyźni w średnim wieku, mężczyźni podstarzali, wreszcie mężczyźni bez wieku wypisanego w ciele, tacy, którzy mogą mieć równie dobrze trzydzieści, jak i pięćdziesiąt lat. Byli więc mężczyźni o pięknych ciałach wojowników, klatki piersiowe wysklepione łukami potężnych żeber, niehodowlanych mięśni, byli sportowcy o sztucznych ciałach sportowców, byli młodzieńcy o pajęczych kończynach i zapadłych piersiach, byli tłustawi i tłuści, i otyli, byli wspominający swoje minione piękno i inni, szczęśliwi z egalitarnej brzydoty starości. Wszyscy spokojni, nadzy, cisi, skupieni na sobie, nawet jeśli są w towarzystwie; wszyscy unoszą się w ciepłej wodzie jak uroczyste meduzy, kontemplują palce własnych stóp.

Był wreszcie wspaniały masażysta, gargantuiczny grubas o obwisłych oczach basseta i kącikach ust ściągniętych w dół, na równi grawitacją i spokojną pogardą dla takich jak ja: Po co mówisz do mnie po angielsku, zagraniczny idioto, skąd w ogóle pomysł taki? Co cię tutaj przyniosło, człowieku nieprawdziwy, po coś tu przyszedł z tym swoim płaszczykiem, szalikiem i torbą, i głupią mordą zadowolonego z siebie kretyna? A ja, idiota, uśmiecham się uśmiechem dla kasjerek i coś paplam głupio o ręcznikach i szlafrokach, a ten wspaniały, dwustukilowy człowiek, łysy na głowie i włochaty wszędzie indziej, patrzy na mnie, owinięty jest ręcznikiem poniżej wielkiego brzucha, kudły mokre, policzki ściągają mu powieki nisko w dół, patrzy na mnie, z tłustą cierpliwością czeka obojętnie, aż skończę, i wskazuje ręką na górę, czerwone półksiężyce pod gałkami ocznymi, wskazuje ręką na górę, gdzie są przebieralnie, i mówi coś po węgiersku. Wyobrażam sobie, co może do mnie mówić, wiem, że ma przecież rację, po co tu w ogóle przyszedłem, czy to dla mnie termy, czy wyobrażam sobie, że za cztery tysiące forintów mogę sobie kupić prawo do bycia tutaj, tak jak kupiłem prawo do wejścia? Wejść mogę, niech tam sobie wchodzę, ale być? Wiem, że ma rację; zgadzam się z jego niechęcią, podzielam jego niechęć do takich jak ja. Przeprosiłbym za to, że przyszedłem, gdybym tylko potrafił, ale nie potrafię, więc posłusznie idę na górę, rozbieram się i dalej posłusznie postępuję zgodnie ze wskazaniami i rozkazami ponurych i troskliwych łaziebnych, potem moczę się w wodzie i pocę w łaźni, potem nie umiem znaleźć boksu, w którym zostawiłem ubrania, wiadomo, idiota, jak się okazuje, numerek, który noszę na ręce, wcale nie odpowiada numerkowi na kabinie, numerek na kabinie powinienem zapamiętać sam, a numerek, który noszę na ręce, to tylko dowód, że nie przyszedłem tutaj nago. Łaziebny, inny, mały i brodaty, gdera coś do mnie cierpliwie i cicho, otwiera po kolei szafki, czy to ubranie twoje? Nie moje. A czy to twoje? Nie moje.

A może powinienem powiedzieć, że moje, włożyć inne spodnie, inną kurtkę, otworzyć inny portfel, wszystko za ciasne albo za duże, i wyjść innym życiem, sprawdzić adres w portfelu i wrócić do domu Gyuli, Attili czy innego Istvána. W kurtce Gyuli objawić się jego żonie i dzieciom albo starej matce i czekać, aż mnie zabiorą na komisariat. Wściekły Gyula już dzwoni do domu, już wiedzą, więc nie zamordowałem, tylko ukradłem ubranie, więc z komisariatu gdzie, do czubków od razu?

A ja nic, ani słowa przecież nie rozumiem, mógłbym tylko bez końca powtarzać jakiś prosty ciąg liczb, może PIN do karty albo PESEL? Albo raczej uśmiechać się ciepło i cierpliwie, idiota życzliwy swoim oprawcom. W końcu znaleźliby moje ubrania i dokumenty i co mieliby zrobić z takim szaleńcem świętym i głupim? Przecież mnie nie utopią w Dunaju.

A może stara matka Gyuli niedowidzi, sadza mnie przy stole, coś ty taki milczący, Gyula, masz herbaty, Gyula, zmężniałeś, Gyula, albo schudłeś, powiedziałbyś coś, Gyula, chleba masz, jedz, Gyula, ze smalcem i papryką, i z cebulą, jak lubisz, Gyula, dla ciebie trzymam, patrz, co się z twoją starą matką stało, Gyula, nie odwiedzasz mnie już, a ta twoja, co z nią? A dzieci? A na tym zdjęciu, widzisz, Gyula, jak z tatą na Wyspie Małgorzaty? Widzisz...? Taki byłeś, maleńki taki, a teraz co, Gyula, co? Nic nie rozumiem, bo mówi po węgiersku, ale wszystko rozumiem, przecież matki zawsze mówią to samo.

A czy te ubrania twoje, pyta łaziebny? Chyba że nie pyta, tylko proponuje, żebym sobie coś gdzieś tam wsadził, czy jak tam Węgrzy złorzeczą. Ale ubrania moje. No to odziej się, smutny idioto w ręczniku, skąd cię tam cholera przywiała, i idź, idź, opowiedz swoim, jak było w łaźniach w Hotelu

Gellért, boś i tak nic nie zrozumiał, boś i tak nic nie skorzystał, tylkoś siedział, kretynie, w ciepłej wodzie, i co?

I nic.

A jednak coś. Bo to starcy właśnie i kochanka Pétera Garrena, jej ciało i ich ciała, jednym głosem mówią mi o człowieku coś, czego wcześniej nie wiedziałem. A między nimi ja, ciężki, moja głowa nad wodą i dłonie, moja głowa, a w głowie nieustający huk tysięcy obrabiarek, nie milknie, chyba że się upiję na sztywno, ale na trzeźwo i na rauszu lekkim, i na mocniejszym nawet, to jak w fabrycznej hali, tysiąc tokarek, tysiąc frezarek, młoty parowe i słowa, i nici między słowami, zdania, twarze, pytania, wszystko naraz, głowa mi pulsuje, od kiedy pamiętam. I spokój jest pozorny, spokój jest nieprawdziwy. Kiedy milczę, głowa mi wzbiera.

A teraz milczę i nawet huk w mojej głowie cichnie na moment, i mówią mi ciała coś, o czym wcześniej nigdy nie słyszałem, starcy i ta piękna, zmysłowa dziewczyna z papieru, wcale nie mniej prawdziwa od starców z ciał, ich koniunkcja, ona razem z nimi, oni razem z nią, oni na jej tle i ona na ich tle, szepczą mi, niewidzialnemu, schowanemu pod wodą i za książką, szepczą mi: tyle człowieka.

Tyle człowieka.

* * *

Uświadamianie sobie ciała jest jak podróż. Dla mnie przynajmniej; nie wiem jak u innych mężczyzn, a pewien jestem, że kobiety uświadamiają sobie własne ciało w jakiś zupełnie odmienny sposób, właściwy dalekiemu i dziwnemu światu, w jakim żyją. Chciałbym to kobiece doświadczenie ciała zrozumieć, interesuje mnie, chociażby ze względów literackich, ale nie wiem, czy jest to w ogóle przetłumaczalne. Na słowa na pewno, może jednak w naszych, męskich głowach inne będą tych samych słów desygnaty.

Márai pisze, że człowiek jest w dziwny sposób spóźniony wobec własnego ciała. I tak właśnie jest: dzieci w ciałach młodzieńców, chłopcy o ciałach męskich i mężczyźni w ciałach starców. Oraz kategoria osobna: trupy w ciałach żywych, ale o trupach nie ma co pisać, bo to trupy, i to na dodatek najczęściej zamrożone, nie ma w nich nawet dynamiki rozkładu.

Kiedyś byłem tylko ciałem, jak każde niemowlę, tego jednak nie pamiętam, nie mogę pamiętać, i najwcześniejsze wspomnienia, które teraz przylepiam jakoś do tego białowłosego, bardzo chudego chłopca ze zdjęć, podobnego jak dwie krople wody do mojego syna, są bezcielesne. Dzieci noszą swoje ciała tak, jak nosi się spodnie.

Ciało dziecka jest medium: niesie je, dziecko się tym ciałem interesuje (mój syn odkrywający z zachwytem, że strużką moczu kreślić można wzory na śniegu!), ale tak samo, jak interesuje się światem dookoła: kamieniem, zdechłym kotem czy klockami Lego. Ciało dziecka wydaje się dla niego światem najbliższym, ale do niego nie należy. Mój syn mówi wciąż: boli mnie MOJA ręka, założyłem buta na MOJĄ nogę, podrap mnie po MOICH pleckach. Tak samo jak mówi: napraw mi MÓJ samochód. I ten zaimek dzierżawczy paradoksalnie podkreśla, że ciałko własne postrzega jako coś od siebie samego odrębnego, skoro czuje potrzebę zaimkowego uściślenia, o czyją rękę czy nogę chodzi. Coś, co jest moje, nie jest mną.

A swoją drogą, jakie znaczenie ma to, że zaimki, które po polsku określamy dzierżawczymi, we wszystkich innych językach zwą się „posesywnymi", z łacińskich *pronomina possessiva*? Czy to w ogóle może mieć jakiekolwiek znaczenie? Czyżbyśmy po polsku jedynie dzierżawili słowa, zamiast je posiadać?

Pewnie nie ma to żadnego znaczenia, może jakiemuś kryjącemu się w mrokach dziejów herosowi polszczenia nazewnictwa gramatycznego owa posiadawczość wydała się nadto wulgarna, poprzez skojarzenie z posiadywaniem, a więc z pośladkami, niegodne skojarzenie, bez łacińskiej podniosłości, więc wstawił słowo „dzierżące", uroczyste jak „samodzierżca".

A ja poddaję się trochę temu szaleństwu, jakim jest poszukiwanie znaków w świecie, mowy drzew, tajemniczego kodu pęknięć na asfalcie i eposów zapisanych cirrusami na niebie.

No i oczywiście to, jak mój syn używa zaimka dzierżawczego, może nie mieć żadnego znaczenia, przecież nic w ogóle nie wiem o dzieciach i w zasadzie wcale mnie nie interesują tajemnice szczęśliwie już prawie zapomnianego dzieciństwa. Dziecko wydaje mi się czekaniem i potencjalnością i jeśli coś mnie w dziecięctwie zachwyca, to właśnie owa potencjalność, to związanie w malutkim byciu wachlarza możliwości, pełne spektrum przyszłych klęsk, porażek i rozczarowań — do wyboru, nie interesuje mnie jednak dzieciństwo jako takie.

Pierwszym przystankiem na drodze do uświadomienia sobie własnego ciała były narodziny pożądania. Nie mam pojęcia, ile miałem wtedy lat, na pewno byłem jeszcze dzieckiem, wraz z pożądaniem rodziła się jego sublimacja, skłonność do wpatrywania się w te odległe, dziwaczne istoty ze świata innego. Zaczynały im wtedy kiełkować piersi, może pod ciężarem tych naszych niezrozumiałych jeszcze wówczas spojrzeń, może tymi spojrzeniami się syciły?

Nic nie rozumiałem z mojego ciała, a jeszcze mniej wiedziałem o ciałach kobiet i wiele czasu poświęcaliśmy z moimi ówczesnymi przyjaciółmi na dociekania, jak są zbudowane. Były to czasy preinternetowe, gdy pisemko pornograficzne stanowiło dobro rzadkie, zazdrośnie strzeżone przez starszych chłopców, od których łatwo dostać można było w nos, więc ciało kobiety było nie tylko oczekiwaniem, ale również wielką tajemnicą. Przeżyciem pokoleniowym dla nas, dla mnie i moich rówieśników, była chyba ukradkowa lektura *Sztuki kochania* Michaliny Wisłockiej, której ilustracje czarną kreską medycznej dosłowności nie tłumaczyły jednak niczego, a już na pewno nie dawały nam odpowiedzi na pytania o źródła tej tajemniczej fascynacji.

Ciała dziewcząt były więc dla nas tajemnicą na paru poziomach, spieraliśmy się o architekturę różnych szczegółów kobiecej anatomii, były też tajemnicą, bo przecież nie rozumieliśmy własnego tymi ciałami zainteresowania i dziwiliśmy się mu.

Było zresztą dla nas tajemnicą nie tylko to, w jaki dokładnie sposób dochodzi do owego szczególnego aktu, o którym pojęcie mieliśmy raczej mgliste, lecz przede wszystkim to, jakim cudem te wyniosłe, odległe stworzenia pozwalają podobno potem robić ze sobą te wszystkie rzeczy komuś takiemu jak my, czy prawie jak my, jak my bez patykowatych rąk i piegowatych twarzy. Pozwalają na to komuś, kim się prawdopodobnie — jak przypuszczaliśmy — kiedyś stanie każdy z nas; chociaż gdy miało się lat trzynaście, to przecież nie dało się w to uwierzyć, w tę przemianę, do której kiedyś podobno, rzekomo ma dojść.

Dziś, jak mi się wydaje, ciała kobiet tajemnicą już nie są nawet dla dziesięciolatków, bo podaż pornografii sprawia, że stają się już jedynie oczekiwaniem — i to oczekiwaniem na taką kobiecość, której poza planem filmów pornograficznych nie ma. W tym sensie mądra wydaje mi się akcja amerykańskiej feministki, która „na podstawie własnych doświadczeń ze spotkań z dwudziestolatkami" założyła stronę Make Love, Not Porn, gdzie z uporem Syzyfa tłumaczy pryszczatym onanistom, jak „to" naprawdę wygląda. Bo przecież pornografia tyle ma wspólnego z życiem erotycznym, co cała popkultura z życiem w ogóle, czyli z jednej strony bardzo dużo, bo tam rozgrywa się życia naszego mitologia, ale z drugiej strony, w tym przypadku ważniejszej, właśnie nic — tyle co Joker z *Batmana* z prawdziwymi bandytami.

Ale — znowu — świat dzisiejszych dwunastolatków jest światem tak mi obcym, że więcej pewnie miałbym do powiedzenia o Kwakiutlach, o których nie mam do powiedzenia wiele. Więc to tylko takie luźne podejrzenia, może jest zupełnie inaczej.

Potem zaś, w tych wszystkich niesłychanych cudownościach młodzieńczości, czas wyjaśnił tajemnice, wyciszył frustracje, zakończył oczekiwanie i libido, chociaż bez wątpienia przecież potężniejsze niż w schyłkowym dzieciństwie i zajmujące o wiele ważniejsze miejsce w życiu, straciło swoje centralne znaczenie dla cielesnej świadomości.

I o ciele na dziesięć lat zapomniałem. I chyba znów nie miałem ciała, żyłem sobie spokojnie, jak powiedział Stasiuk: „będąc nieco grubym", aż ciało zaczęło o sobie przypominać w zupełnie inny sposób — na przykład przez więzadło w kolanie zerwane przy zsiadaniu z konia, a szczególnie przez widok tegoż kolana składającego się w złą stronę. Potem pierwsze rendez-vous z astmą. Potem przykra konstatacja, że kilka pięter to problem. Nieduży, ale problem, i pot cieknie po plecach.

Więc, nie przestawiwszy się bynajmniej na „zdrowy tryb życia", nie odmawiając sobie wszelakich nadużywek, a nawet wzmagając ich spożycie celem zrekompensowania sobie innych przykrości, w wieku lat trzydziestu odkryłem aktywność fizyczną, którą od zawsze raczej pogardzałem, bo jak mówi kelner Sindbadowi: „Młodzi ludzie uprawiają sporty, chodzą na pływalnię, zjeżdżają na nartach i oddają się podobnym, rzekomo zdrowym, ale podejrzanym czynnościom. Ale my obaj, panie Sindbadzie (...), wiemy przecież, że dla młodych poetów jedynym zdrowym zajęciem jest literatura i kawiarnia"*.

A teraz z niemałym zdziwieniem odkrywam ciało na nowo: na przykład mogę przebiec pięć, potem siedem, a potem dziesięć kilometrów, co kiedyś wydawało mi się całkowicie nieprawdopodobne, bo gdybym powiedział, że nigdy wcześniej nie biegałem, to skłamałbym: przez dobre dziesięć lat nigdy nawet nie biegłem.

A teraz jakaś wściekła, radosna ekstaza ciała rozgrzanego niczym silnik samochodu, po tych pięciu kilometrach, tempem zdecydowanie powolnym, pół godziny mi na te pięć kilometrów potrzeba, ale ciało rozgrzane w sposób nowy, obcy, cudowny, a potem radosne zdziwienie, że boleć mogą mięśnie, których istnienia kiedyś nawet nie podejrzewałem.

Jest coś niezwykle pociągającego w takim odgrodzeniu od świata: czarną nocą, czarnymi polami, po mokrej, gruntowej drodze, od świata izoluje mnie ciemność, tylko w dole migają jasne plamy butów, więc ciemność i bardzo głośna mu-

* Przełożyła Teresa Worowska.

zyka, rytm zsynchronizowany z rytmem kroków, od myśli i własnego mózgu izolują mnie puls, oddech i rwące mięśnie, więc żadnych myśli, tylko świadomość ciała, oddechu, pulsu, skurczu w łydce, ukłucia w plecach, skurczu przepony, nic poza tym, nie ma mnie; cieszyłbym się, że na chwilę zniknąłem, ale się nie cieszę, bo zniknąłem i mnie nie ma, więc kto miałby się cieszyć?

Są to oczywiście odkrycia i entuzjazm zupełnie anachroniczne, bo normalni ludzie odkrywają takie rzeczy w wieku lat piętnastu, ganiając za piłką na boisku, cóż poradzę na to, że jestem pod tym względem niedorozwinięty i opóźniony, bo jako piętnastolatek zajmowałem się czytaniem książek i życiem towarzysko-uczuciowym?

Wczoraj zaś przy bieganiu jednak trochę myślałem, zanim gruczoły wpuściły do krwi swoje świństwa. Słuchałem *Killing in the Name* Rage Against the Machine i jest to oczywiście staroć, ale taka, że wolałoby się palić komitety, niż zakładać własne. I ten stary lewicowy klasyk z cudowną ścianą basu w połączeniu z rozgrzaniem ciała w biegu nagle uświadomił mi, że mógłbym przyłączyć się do każdej prawie rewolucji, byle była piękna wzorem ognia i barykad, ale w żadnej nie mógłbym się rozpuścić, w żadnej nie mógłbym siebie zatracić, w żadnej nie mógłbym siebie odnaleźć.

A co będzie dalej z ciałem i moją podróżą? Nie wiem, ale podejrzewam, że fizyczne uświadomienie sobie własnej śmiertelności. Bo co innego chyba wiedzieć o własnej śmierci i raczej się jej nie obawiać, a co innego się z nią przywitać.

* * *

Na co zasługuje ruda, zmysłowa dziewczyna, która przy sąsiednim stoliku flirtuje z człowiekiem odzianym w drogi garnitur i czasem odrywa od niego wzrok, by taksować mnie, schowanego za komputerem i kawą? Czy zasługuje na to, by mężczyźni czynili dla niej świat przychylnym i pięknym, czy zasługuje na to, by nad swoim upokorzeniem wył dla niej poeta, by farby spirytusem rozcieńczał malarz? Czy zasługuje raczej na to, by jej zmysłowość rozerwały i wyssały z niej kolejne dzieci? Może zabiorą jej wszystko, ale dadzą to, czego nie da się kupić w sklepie, może wtedy, w cierpieniu i matczynej samotności, zrozumie dziewczyna ezoteryczny sens własnego ciała, przedefiniuje swoje piersi i łono i umrze z radości, albo umrze ze smutku, zakochana w dzieciach, które ją opuściły.

A może to ona je opuści. Tak jak po całym życiu na służbie opuściła je moja prababcia, odwracając się od zgromadzonych przy jej śmiertelnym łożu siwowłosych dzieci, odwracając się od nich ku ścianie i ku śmierci, i wszyscy rozumieli, dlaczego ta maleńka, bardzo stara kobieta chce już być sama.

A ja nie rozumiałem, kiedy mi to opowiedziano, ale zrozumiałem, gdy jako dorosły człowiek po raz setny spojrzałem na jej zdjęcie wykonane w 1919 roku u Volkmanna w Gleiwitz, przy Bahnhofstrasse 26. Na tym ślubnym zdjęciu Valeska stoi obok mojego przystojnego pradziadka, stoi maleńka, ładna cichą urodą młodych Ślązaczek z ludu, i nie ma w niej wcale zmysłowości; Valeska szczelnie schowała ją pod ciemną suknią, skrywającą maleńkie ciało zasłoną tak nieprzeniknioną, że obecności tegoż ciała pod suknią możemy się tylko domyślać. I kiedy umierała, zatopiona w starcze szaleństwo, kiedy odwróciła się ku ścianie i ku śmierci, i zażądała chropowatą śląszczyzną, aby dać jej spokój, wtedy na parę minut odzyskała samą siebie, którą wcześniej dobrowolnie oddała szaremu od dymów światu.

A może niczego nie odzyskała, może nie było w niej już żadnej świadomości, może te słowa wcale nie padły, może źle je zapamiętano, ale ja już tak będę wierzył i tak będę myślał, że się odwróciła i że powiedziała to, co powiedziała, i że powiedziała to świadomie, bo sądzę, że jeśli ktokolwiek na coś zasługuje, to moja prababcia Valeska zasługiwała na ten krótki błysk wolności po życiu w cieniu dymów przemysłowych i artyleryjskich.

Na co zasługiwał jej mąż, wysoki, żylasty, ze szczęką gwiazdora niemego kina? Czy mógłby stać na rufie białego jachtu, zamiast z czarnymi obwódkami wokół oczu zanurzać się w ciepłe ciało ziemi? Nigdy tego nie sprawdził, nigdy nie stał na rufie białego jachtu, nigdy nie wspiął się na Matterhorn, nie przeciął linii mety wyścigu Mille Miglia w odkrytym roadsterze na białych oponach. Zamiast tego giął grzbiet w podziemnych chodnikach, wyskrobując węgiel ze skał, i giął grzbiet w okopach pierwszej z wielkich wojen, zawsze w ciele ziemi, zawsze z jej pyłem i błotem pod paznokciami, wtartym w oczy niczym kredka do makijażu.

Zawsze w ziemi, wrośnięci w nią jak ludzka grzybnia, przeżuwający ją jak dżdżownice, ale w kuchni za piecem zawinięte w szmaty parabellum, bo Ślązak na szychcie służył jak niewolnik, lecz niewolnictwo kończyło się razem z szychtą, a w okopach nauczono go, do czego służą te śliczne, małe maszynki z frezowanego metalu i drewna, tak wdzięcznie wypluwające śmierć i złociste łuski.

Czy więc zasługiwał na straszne umieranie czasu następnej wojny, na skowyczące umieranie cywila, od zrakowaciałej rany w piersiach, od raka, na którego nie było morfiny, bo morfiny potrzebowano na froncie?

Potrzebował tej morfiny mój dziadek, teść, którego nigdy nie poznała moja mama, próbował wtedy zmienić losy wojny beznadziejnym natarciem w Ardenach. Domyślam się, że próbował bez entuzjazmu, bo to nie była jego wojna, to nigdy nie jest nasza wojna, i w końcu dostał się do niewoli, i nie zasłużył na śmierć od amerykańskiej kuli, zamiast tego wrócił do modlitw żony, do dziecka i do krecich korytarzy i umarł kilka lat później, kiedy wściekła, węgielna ziemia wgryzła się w jego ciało i rozlała w żyłach tężcem. I czy na taką śmierć sobie zasłużył, czy zasłużyli na jego śmierć dwaj osieroceni synowie?

Nie wiem nic, nie umiem odpowiedzieć na żadne pytanie, ludzie zasługują na wszystko, na całe szczęście i na cały ból świata, i nie zasługują na nic, nie układają mi się te śląskie życia i śmierci w żadną jasną, widoczną całość, ale czuję, że układają się w jakiś porządek, w jakiś kosmos, którego nie mogę, nie umiem dotknąć, jakby całe życie, cały świat ludzki były świętą mandalą, sypaną i ścieraną jednocześnie w porządku, którego dostrzec nie sposób, ale który jest.

I pytam się o wzór tej mandali, pytam się świata i samego siebie, siedzę za kawiarnianą szybą, po Wilhelmstrasse idzie do fotografa moja prababcia i mija matkę Horsta Bienka, też Valeskę, życia ludzi z ciał i życia ludzi z farby drukarskiej zmieszane w mojej mandali.

Idą też ludzie, których prababcie piaskiem rozsypały się w mandalach lwowskich i wołyńskich, albo jeszcze innych, skąd mogę to w ogóle wiedzieć; ruda dziewczyna już sobie poszła i przy stoliku obok sypie się piasek ze zmęczonych pań, może to nauczycielki, a może pracownice z urzędu miejskiego, który kiedyś był hotelem i w jego murach dzieje się wesele z *Pierwszej polki* Bienka i chodzą tam między duchami i ogniem.

A na co ja zasłużyłem? Na wszystko i na nic, nie chcę słuchać, o czym mówią te smutne panie, skończyłem pisać, płacę za dwie kawy, wychodzę i sam rozsypuję się w strugi kolorowego, świętego piasku.

* * *

Widziałem: tylko przez chwilę. Fragmenty kocykiem ocienionej twarzyczki, pomarszczonej jak twarz buldoga, mała dłoń i długie paznokcie nowo narodzone i palce tkają niewidzialny dywan; właśnie się to urodziło i nawet nie znam tego płci, i nie poznam, i nie obchodzi mnie. Czarne wątłe włosy niechybnie wypadną, robiąc miejsce włosom nowym, włosom potrzebnym temu do życia. Urodziło się gdzieś obok urodzin mojego drugiego syna. I odejdzie ku swojemu życiu, tak jak my odejdziemy i zabierzemy naszą małą larwę ludzką, to ludzkie szczenię, ten piękny pakunek, ślepy i bardzo mądry, bo nie wiedzący o sobie samym. A dziecię, które minęło mnie na szpitalnym korytarzu, kiedy podniosłem oczy znad książki, które minęło mnie wiezione w łóżeczku z przezroczystego pleksiglasu, odniesione zostanie do innego, jemu właściwego życia.

A przecież nasze życia mogą się jeszcze przeciąć. Może będzie za dziesięć lat kolegą jednego z moich synów; jego prześladowcą lub ofiarą. Może jego pierwszą miłością parę lat później. Może. Może za czterdzieści lat stanie nad moim otwartym grobem piękna, dojrzała kobieta i za trumną ciśnie w dół różę albo przekleństwo, albo jedno i drugie, a może nawet zapłacze, bo kto wie jakie piekło przede mną? Może ja stanę nad jej albo jego grobem. I zapłaczę albo zaklaszczę. Może za lat dwadzieścia pięć albo dziewiętnaście wściekły młody mężczyzna wedrze się do mojego domu, niosąc w kieszeni czarną sprawiedliwość społeczną, dziejową lub nawet ludzką. Albo zwykłą zbrodnię. Albo terror, który będzie emanacją cnót albo emanacją przywar. Lecz pewnie nikt się nie będzie wdzierał nigdzie, totalna demobilizacja, gnuśne umieranie. Ale może będę całował czoło dobrej synowej, a może ona odbierze mi jednego z moich synów i ten splunie mi pod nogi, albo odbierze mi obu.

Może zamknie mi oczy i umyje moje zwierzęce ciało na stalowym blacie w zakładzie pogrzebowym albo w zakładzie medycyny sądowej. Może zszyje mi brzuch długim szwem, wijącym się jak czerw w jamach martwej lub żywej skóry, a może mój brzuch rozpruje, żywy lub trupi. Może sprzeda mi kawę albo samochód. Może ukradnie portfel. Albo ja mu lub jej ukradnę. Może poproszę ją o jałmużnę. Może poproszę go o łaskę, o przebaczenie, o śmierć. Albo o to, żeby ustąpił mi miejsca w tramwaju, albo żeby poszedł precz, słowem grubym, albo zaproszę na wino. Może ukłoni mi się na ulicy, a ja odpowiem ukłonem albo nie odpowiem. Może. Może.

* * *

Widziałem: starca, bardzo pięknego i bardzo starego. Miał chyba z dziewięćdziesiąt lat, kiedyś bardzo wysoki, ciągle bardzo smukły, złamany jednak gdzieś w połowie, gdzieś między brzuchem a klatką piersiową złamany i zgięty w dół i w bok, ale plecy proste, ostro złamany tylko w jednym miejscu, nie zgarbiony. Szedł chodnikiem, szedł niezgrabnie, szedł, kołysząc się boleśnie, niósł dwie ciężkie siatki z Lidla — a jak był odziany! Miał ciemny, ciemnoszary garnitur, spod czarnego beretu wymykały mu się kosmyki białych włosów, a starczą pierś w rozpięciu białej koszuli zasłaniał kolorowy fular. Mignął mi tylko w oknie samochodu; ale nawet kiedy zniknął, to na jego obraz, który pozostał pod powiekami, dalej patrzyłem z szacunkiem. Szanowałem pogardę, z jaką zawiązywał ten fular na swojej starczej szyi, pogardę dla władców tego świata, dla tych, co młodzi i piękni innym pięknem, pogardę, która nie pozwalała mu odziać się w starcze łachmany w drodze do Lidla, pogardę, z jaką taszczył wielkie siatki, złamany wpół, tak stary, a ciągle żywy, żywy bardziej niż mijający go ludzie o oczach martwych.

* * *

Wielka Sobota. Dzień-zmierzch, dzień, w którym Słońce Niezwyciężone odwraca od świata swoje oblicze i nie wschodzi, jasne nieba sklepienie zaciągnięte chmurami nieprzeniknionymi obustronnie, dla oczu naszych i dla oczu boskich, nastają ciemności starsze niż ciemność wnętrza grobu Józefa z Arymatei, smak ciemności wiecznej.

Dzień-zmierzch, Czarni Bogowie słyszalni są dziś wyraźniej, grzmią spod rzecznych piasków i mułów językiem, który jest jak piękna i groźna muzyka, chwytają nas za pięty, kiedy zlęknione stopy spod kołder zmierzają ku podłogom.

Wielka Sobota, dzień, który nie zamyka się datą w kalendarzu, dzień, który nie zaczyna się ani nie kończy, dzień, który jest rewersem wszystkich dni Słońca, dzień triumfu wielkiego Nie, dzień wielkiej odmowy, dzień, w którym łatwo można się zgubić i na zawsze w nim pozostać, na całe życie między piątkiem a niedzielą, między śmiercią a życiem.

Kawafis:

„Ten, kto powiedział Nie — nie żałuje. Gdyby zapytali go, czy chce odwołać je, nie odwoła. Ale właśnie to Nie — to słuszne Nie — na całe życie go grzebie"*.

* * *

Czasem jedno zdanie nie daje mi spokoju — jak to z noweli *Drzazga* Władimira Zazubrina. Rozpoczyna ono scenę egzekucji — jest rok 1921, pięciu skazańców wprowadzonych zostaje do piwnicy pod siedzibą gubernialnego oddziału Czeka. I wtedy Zazubrin pisze: „Obok nich pięciu czekistów. W rękach ogromne rewolwery. Kurki — czarne znaki zapytania — odwiedzione"**.

* Przełożył Zygmunt Kubiak.

** Przełożył Henryk Chłystowski.

Jest w tej metaforze — czarne znaki zapytania — wszystko. Jeśli kurek odwiedziony jest znakiem zapytania, to jakie jest pytanie? O to, czy tylko straszy się tu skazanych, czy będzie się do nich strzelać, na co wskazuje grubą warstwą zaschnięta na podłodze i ścianach krew? O to, jaki sens ma życie człowieka, skoro skończyć z nim można tak łatwo, przemysłowo, jakby dokręcało się mutrę na fabrycznej taśmie? O to, jaki sens ma historia; czy zawiera jakiś telos, który sprowadził do tej piwnicy ludzi starego porządku, czy jest raczej chaosem, i to chaos ich tu sprowadził, nie żadna logika dziejów? A jeśli historia ma Ducha i Duch ten wyrzuca ludzi na śmietnik historii, nie tylko w przenośni, ale dosłownie, to czym jest wobec historii człowiek? Kto jest historii podmiotem? Ludzie, klasy społeczne, narody, cywilizacje, nic? I jak człowiek stawać powinien przed śmiercią, przed tą opatrzoną jeszcze znakiem zapytania, ale przecież i tak nieuchronną, bo znak zapytania ciągle stoi po pytaniu „kiedy?", nie zaś „czy?".

A może są to znaki zapytania po tym pytaniu najważniejszym: Czy jesteśmy tylko udręczoną pytaniami mierzwą i kiedy kule rozbijają nam głowy, stajemy się mierzwą cichą, spokojnie wsiąkającą w ziemię płytkich grobów, i nie ma żadnego sensu poza tym? Czy też raczej robią swoim ofiarom przysługę czekiści, posyłają ich na lśniącym rydwanie męczeństwa ku wiecznemu życiu?

I co się stanie, kiedy odwiedzione znaki zapytania opadną? Zamienią się w wykrzykniki po onomatopeicznym „bach!"? Czy raczej w kropki po ostatnich zdaniach krótkich, banalnych biografii?

I można tak medytować nad jedną metaforą, ale cała nowela Zazubrina składa się z takich zdań. Opisują krótkie dzieje czekisty inteligenta, który od asystowania przy codziennych, fabrycznych egzekucjach traci rozum, i każde z tych zdań jest małym wierszem nasiąkniętym znaczeniami. Nie chodzi tutaj o szyfr, nie chodzi o ukrywanie przed cenzurą treści, które można wypowiedzieć inaczej: Zazubrin pisze prozę wierszami, bo są takie treści, których inaczej niż wierszem oddać się nie da, są treści, których nie da się wypowiedzieć wprost, bo nie znają takich słów ludzkie języki, bo desygnat jest zbyt skomplikowany, by mogło mu odpowiadać jakiekolwiek pojęcie, ale odkryć się może przed czytelnikiem w subtelnych związkach metafor, porównań, rytmu języka.

Na przeciwnym biegunie stoi Hemingway. Hemingway to sto procent prozy w prozie: tajemnica kryje się w całej lakonicznie opowiedzianej historii, za narracją podążamy niepoetycznie, nie ma niczego, co byłoby w prostych zdaniach niewypowiadalne, bo to, co niewypowiadalne, ta wartość dodana literatury, ten wgląd w tajemnicę życia dociera przez fabułę, nie przez prostotę języka.

Jako czytelnik cenię zarówno prozę poetycką, jak i prozaiczną, ale gdy piszę, wolę drogę Zazubrina: nienawidzę zdań typu „hrabina weszła do pokoju i siadła w fotelu", zdań, których jedyną funkcją jest poruszenie akcji do przodu. Gdy piszę takie zdania, czuję się, jakbym robił coś niskiego, kiczowatego, dlatego z każdym kolejnym tekstem staram się pisać mniej zdań pustych, a więcej zdań pełnych. Dlatego ciągle wracam do *Drzazgi*.

I tylko jeden szczegół nie daje mi spokoju.

Nowela Zazubrina jest ścisła faktograficznie, co świetnie uzupełnia jej poetycką moc. Jest to ścisłość profetyczna: Zazubrin najpierw napisał *Drzazgę*, a potem ją przeżył, czy raczej właśnie nie przeżył, rozstrzelany w czasach wielkiej czystki. Wszystko więc się zgadza: metodyka działania, sprawy urzędowe, tempo, rewolucyjna czystość pierwszych lat wojny domowej (czekista, który zgwałcił aresztowaną, zostaje rozstrzelany razem z nią), pijaństwo, mundury, rok 1921 w Nowonikołajewsku.

I tylko jedno się nie zgadza: kurek żadnego rewolweru nie wygląda jak znak zapytania. Kurek nagana, odwiedziony, układa się w kształt greckiej lambdy. To szczegół, ale metafora, która nie miałaby mocnego zakotwiczenia w rzeczywistości, do stylu Zazubrina nie pasuje.

Oglądam więc zdjęcia czekistów i nagle olśnienie: chodzi o inną broń. Pistolet marki Mauser, model C96, ulubiona broń bolszewickich komisarzy, Janka Kosa z *Czterech pancernych*... i Winstona Churchilla. Kurek mauzera wygląda właśnie jak znak zapytania; więc może to tłumacz się pomylił, dystynkcji między pistoletem a rewolwerem nie uczą zapewne na filologii rosyjskiej.

Sprawdzam w oryginale: „Около — пять чекистов. В руках большие револьверы. Курки — черные знаки вопросов — взведены", a więc to nie wina tłumacza, po prostu autor wolał „rewolwer" jako uniwersalne określenie broni krótkiej, nawet kiedy pisał o mauzerach i brauningach.

Czy więc uznać to za zwykły błąd nieobytego z bronią literata?

Nie, Zazubrin walczył w wojnie domowej, najpierw w armii Kołczaka, potem w Armii Czerwonej. Żołnierz odróżnia rewolwer od pistoletu, tak jak odróżniamy z łatwością rower od motocykla, a samopowtarzalny mauzer z kurkiem jak czarny znak zapytania rewolwerem nie jest, nic się w nim nie obraca, naboje jeden po drugim wskakują do komory z podłużnego magazynka, nie kręcą się w bębnie.

Więc dlaczego ten rewolwer zamiast rosyjskiego „pistoletu"?

Może dlatego, że pistolet to słowo stare, pochodzi od czeskiego „píšťala", czyli „piszczela", jak zwano ręczną broń palną już w czasach wojen husyckich. „Rewolwer" to słowo techniczne, oznacza sposób działania maszynerii i jako element śmiertelnej fabryki Czeka brzmi lepiej niż stare słowiańskie słowo „pistolet". Mała koncesja prozy na rzecz poezji: rewolwer niesie ze sobą cały bagaż dziewiętnastowiecznej industrializacji: lokomotywa, parowiec, dagerotyp i rewolwer. A więc — fabryka, aby lokomotywę i rewolwer wyprodukować, fabryka, a w fabryce rewolucja.

I z fabryki śmierć.

* * *

Poszedłem z synem na wieczorny spacer nad stawy. Siedliśmy i gapiłem się na drobno rozfalowaną wodę i na krajobraz, w którym mieszkam od zawsze.

Ani to wieś, ani miasto, bo nowoczesność nie dźwiga pojęcia miasteczka targowego, jakim była ta moja wieś gminna przez pięćset lat, stąd kamieniczki i folwarczne zabudowania, stawy, pola i cysterskie dęby. Nie leży ani w Polsce, ani na Śląsku, bo Śląska już nie ma, a Polska jeszcze się tu nie zadomowiła. Nie leży to miejsce nawet w Europie ani nie leży poza Europą, wielkie nigdzie w środku umarłej cywilizacji, wyrastające z wnętrzności trupa pięćsetletnie drzewa, obojętne wobec nowych domów z porothermu tak samo, jak obojętne wobec stojących nieopodal seryjnych hitlerowskich domeczków z czerwonej cegły, z ogródkami; marzenie o robotniku związanym z ziemią przez uprawianie przydomowego poletka. Blut und Boden, naiwny, rustykalny sen o tym, że śląskiego człowieka fabryki, kopalni i huty, człowieka Totalnej Mobilizacji można uczynić niemieckim Bauerem z romantycznych sielanek ukazujących, jak to na roli, między pługiem a mieczem, bije serce niemczyzny.

A w nowych domach z katalogu z domami naiwny sen o klasie średniej świata Totalnej Demobilizacji, nie ma już robotników, są key accounci i sales repowie, bracia moi i siostry moje udręczone, jest rozpełzające się antymiasto. Śląska dwumilionowa konurbacja połyka powoli barokowe kościółki Pilchowic i Stanicy i cysterskie dęby, połknie też średniowieczny klasztor w Rudach, połknie stawy i zdewastowane zabudowania folwarczne, połknie w końcu własny ogon, zadławi się i zdechnie.

Zakneblowana rozpacz w porannych samochodach toczących się ku antymiastu, ku tej rozpełzłej między średniowiecznymi ryneczkami i dziewiętnastowiecznymi hutami multicentrycznej amebie.

Konfesjonały słuchają małych grzechów, a pamiętają jeszcze wspaniałych, wielkich grzeszników, i teraz zasypiają od tych rozpaczliwych grzeszków, od lepkich niewierności „samemu sobie", od ciepłych nienawiści. Grzechy są takie same od zawsze, nie zmienia się substancja człowieczeństwa, ale w obumarłej cywilizacji grzesznicy są mniejszego formatu, podobnie jak mniejszego formatu są święci, mniej jest nienawiści, mniej miłości, wolniej i słabiej biją serca.

Tłumaczę sobie jednak, że to wielka łaska żyć w świecie pozbawionym formy, w świecie, w którym nie ma Żyda ani Greka, ani chrześcijanina, ani socjaldemokraty, bo w ogóle nie ma w nim nikogo, wszyscy zupełnie sami i tacy sami, martwi i wolni, i dzięki temu można uśmiechać się ku niebu, unosząc się w ciepłym oceanie społecznej bezforemności, nie znajdując siebie samego nigdzie, nigdzie siebie samego nie lokując. Nie powstanie w tym świecie nic wartościowego, ale też nic wartościowego nie zginie. Nie ma ekstazy ani rozpaczy, tylko miły, ciepły smutek, jedyna alternatywa dla katatonii.

Więc łowimy z synem ryby, ryby na niby, na kosmate trzciny bez żyłek i haczyków, i wychodzą nam z wody za każdym razem, zaczynamy od karpi i ogromnych sumów, a potem ryby są coraz bardziej fantastyczne; mój syn nadaje im fantastyczne nazwy i opisuje ich fantastyczne obyczaje: mówi, że pływając, udają czerwone płonące liście, a ja zastanawiam się, jakim cudem w tym czteroletnim wstępie do człowieka pojawia się nieświadoma, szlachetna poezja.

Przypominam sobie samego siebie sprzed dziesięciu lat, z przejęciem studiującego filozofię i socjologię, i mam od tych wspomnień niepowstrzymane napady wesołości, bo cóż obchodzi mnie dziś status ontologiczny Boga, świata, człowieka, kto jest, a kogo i czego nie ma? Cóż mnie dziś obchodzi, dlaczego jest raczej coś niż nic, skoro obok mnie i we mnie dzieją się rzeczy prawdziwsze od wszystkiego innego: urodził mi się drugi syn, patrzę w jego ślepe oczka i tak jak przy moim pierwszym dziecku znowu wyobrażam sobie, że ten noworodek to mały bodhi, który wie wszystko i musi najpierw wszystko mozolnie zapomnieć, żeby powoli stać się człowiekiem, i potem, przez całe życie, to zapomnienie z siebie zdrapywać w smutnym anamnesis beznadziejnych prób zrozumienia siebie i świata.

Mój dziadek ma dziewięćdziesiąt jeden lat i jest mądrym, surowym, śląskim Buddą, dotyka policzków swojego kolejnego prawnuka. Mój drugi dziadek jest garścią zetlałych kości i fotografią, podkolorowanym portretem na ścianie, i nie dotyka już nikogo, i nie wiem, czy pochowali go w mundurze górniczym, czy w garniturze. Mój ojciec patrzy na mnie innym wzrokiem, nie jak na chłopca, którym zawsze byłem i dalej jestem, tylko jakby patrzył na samego siebie, bo mam teraz tyle lat co on, kiedy mnie ślepego, różowego i brzydkiego nosił na rękach. Kobieta, która jest moją żoną, ma wspaniałe trzydzieści jeden lat, a wczoraj miała lat osiemnaście i od tego czasu jestem cichym świadkiem historii jej ciała.

Mam przyjaciół, którzy — sprawdziłem — mogą razem ze mną bić się z przeważającymi siłami przypadkowego wroga i wypiją ze mną morze wina, i mam takich, którzy, jak sądzę, przed wrogiem uciekliby czym prędzej i wino nie bardzo piją, a i tak są moimi przyjaciółmi. Mam wrogów takich, z którymi mogę usiąść do stołu i rozmawiać o pogodzie, i mam takich, którym mógłbym tylko rozwalić gębę.

I już tylko te wzory ludzkiego życia mnie interesują, krwinki w żyłach antymiejskiej ameby: Bogu ducha winni key accounci w samochodach wiozących ich ku katowickim biurowcom i moi przodkowie, i krewni w grobach i nad grobami, kochankowie ukryci w prowincjonalnych hotelikach i osierocone dzieci, zawiedzione nadzieje, złamane miłości, zgasłe nienawiści.

Nie tęsknię za przeszłością, nie wyglądam odległych utopii, patrzę tylko, jak teraźniejszość przemija.

* * *

Najgorzej jest słyszeć własne myśli. Nie myśleć je — lecz słyszeć, jak się myślą. Potrzeba oczywiście dystansu do samego siebie, bez tego osuwamy się w piekło śmieszności, lecz uciekając od tego piekła zbyt wysoko, w dystans absolutny, oglądając samego siebie jak szympansa w zoo, wzlatujemy w niebo szaleństwa.

Najgłośniej słyszę własne myśli w murach dziwnego mieszkania nad Plantami, w kamienicy Pod Globusem obijają się w środku, uciec na zewnątrz nie mogą, bo na stuletnie okna z zewnątrz napiera cały gwar miasta, do którego jestem tak nienawykły: tramwaje, gołębie, przechodnie dzienni, słowiki, huczący przechodnie nocni i zaranni i tramwaje nocne, rzecz tajemnicza, pełne dudniącej muzyki i ludzi, którzy — widziałem z wysoka! — wylewają się z tych tramwajów oknami na bruk, jakby ktoś ich wyciskał strasznym tłokiem.

Piszę w tym mieszkaniu *Morfinę*, z jej obsesyjnym rytmem i gęstością, i przedwojennymi przymiotnikami w narzędniku przylepionymi do rzeczownikowego mianownika, i dzieje się w nim moje małe życie, i zawsze powracam zeń zmienionym, raz mniej, raz bardziej, a czasem zupełnie, prawie wywróconym na nice, szwy bezwstydnie obnażone i w tych szwach się rozłażę.

Pierwszego dnia o szóstej rano spróbowałem mojej zwykłej, pięciokilometrowej przebieżki, chciałem sobie pobiec między drzewami dookoła zalanego werniksem miasta, ale dobiegłem tylko pod zamek pełen martwych królów i miałem dość, ledwie mi siły starczyło, aby biegiem wrócić, wleźć w cudną obfitość warzyw i serów Starego Kleparza i pokrzepiony wrócić na wieżę z siatami pełnymi majowego bundzu. Nie moje powietrze, więc mi go to miasto skąpi. Biegał będę dalej u siebie, polami i lasem, bieganiem się ogłuszę. W Krakowie po tej nieudanej próbie aktywność sportową ograniczyłem do wspinaczki po schodach i codziennego spaceru do Bunkra na paulanera, albo i na dwa, a kiedy przyjechał Łukasz Orbitowski, dziś tak jak ja — gość, chociaż w swoim dawnym domu, to wtedy i na więcej niż dwa i pięknie nam się potem wieczór rozwinął, ale i tak prawie codziennie pod betonową ścianą i w dzikim gwarze czasem znajdowałem na parę godzin inną ciszę niż hucząca tępo cisza wieży.

Na wieży piłem zaś nocami pachnący wszystkim ó vörös od Tamása Dúzsiego, a potem już nie piłem, bo stłukłem jedyny kieliszek, za co przepraszam wszystkich, którzy zamieszkają tam po mnie, i obiecuję przywieźć tam następnym razem komplet kieliszków przyzwoitych, aby literacka nadbudowa rzeczonego mieszkania znalazła znowu solidną bazę.

Ale może i tak nie będę tam już w stanie pojechać, może się tych murów przestraszę, tego, jak się w nich obijam niczym zeschnięty groch w grzechotce, i przestraszę się dobrych duchów, które siadują tam na okiennym parapecie i patrzą na mnie wielkimi, strasznymi oczami pustych nocy.

I jeszcze jedno pamiętam: okutaną w pięćset chust babinę, która przed ołtarzem w Bramie Floriańskiej żegnała się zamaszyście, kraulem, cały czas, jak żywy młynek modlitewny, przerywając jedynie po to, aby do przytwierdzonej tam puszki wrzucić pieniążek, potem znowu szerokie łuki w imię Ojca i Syna i znowu pieniążek, chyba wcześniej nieopodal wyżebrany, i nie zapamiętałbym tej kobieciny w ogóle spod chust niewidocznej, gdyby nie to, że przechodząc obok, bardzo wyraźnie słyszałem, jak płacze, i widziałem, jak szlochy wstrząsają jej niskimi, spadzistymi ramionami, i myślałem wiele potem, nad czym płacze: czy nad swoimi grzechami, czy raczej płacze tak, jak starzec Kawafisa zasypia w kawiarni, żałując tego wszystkiego, czego nie uczynił.

A może płacze nade mną, który ją mijam obojętny.

* * *

Sen pierwszy. W samym środku Gliwic, między kamienicami, znajduje się góra, czy raczej wzgórze, takie na kilkaset metrów nad poziomem morza. W samym jego rdzeniu jest winda towarowa, którą można wjechać na szczyt, porośnięty dębami o srebrnej korze i bukowych liściach. Jednak bez wątpienia są to dęby, nie buki. Pracuję w kawiarni w centrum i co jakiś czas ze złością muszę oderwać się od pracy, aby wjechać windą na sam szczyt i załatwić tam jakieś nieokreślone interesy. Czasem do miasta wracam nie windą, lecz ostrożnym spacerem po stromej, pełnej korzeni ścieżce.

Sen drugi. Wybieram się na zlot motocyklistów. Ponieważ — tak jak na jawie — nie posiadam motocykla, jadę tam samochodem. Jakiś dalszy znajomy w pożegnalnym prezencie wręcza mi wielki słoik, w którym w formalinie pływa dziwny stwór wielkości spaniela, niby antropomorficzny, ale z ogonem i pomarszczoną, gadzią skórą i z pazurami, i o dziwnej, rybiej głowie. Wyciągam zwierzę z formaliny i wrzucam do bagażnika, gdzie sobie spokojnie schnie, co w jakiś tajemniczy sposób śledzę na bieżąco, gdy jadę przez Polskę. Wraz z obsychaniem wracają mu funkcje życiowe, porusza powoli kończynami i ogonem, jak noworodek. Po jakimś czasie zaczyna porastać fluorescencyjnym zielonym futrem i kiedy dojeżdżamy na miejsce, wygląda już jak mała, puszysta foka (tyle że jaskrawozielona), a zachowuje się jak udomowiona wydra, biega, skacze i płata figle, towarzysząc mi wesoło w realizacji trudnego, logistycznego zadania — muszę załatwić tylną oponę do pięknego harleya, który ma być główną nagrodą na zlocie i za którego przygotowanie jestem odpowiedzialny.

Sen trzeci. Jadę samochodem, nocą. Zasypiam za kierownicą i samochód powoli, powoli zjeżdża na lewy pas. Budzi mnie klakson, otwieram oczy — widzę już tylko ogromną maskę ciężarówki, światła, napis „MAN" i lwa w prostokącie, wszystkie wnętrzności zwijają mi się w środku jak na ułamek sekundy przed wypadkiem na jawie. Wtedy budzę się naprawdę i z trudem łapię oddech.

* * *

W Paryżu, którego ledwie liznąłem, którego nie rozumiem i nie potrzebuję rozumieć, nie mój świat, niewiele mnie interesuje. Nie to co Budapeszt, Wiedeń czy Warszawa, które do mojego świata należą. Przy bulwarze Saint-Germain piłem białe wino, jadłem sałatę i czytałem Eliota zakupionego wcześniej w kanadyjskiej księgarni (swoją drogą „kanadyjska księgarnia" brzmi jak „szwedzka winnica", „śląska błyskotliwość", „rosyjska riwiera" czy „polskie lato" — niby coś takiego jest, bądź też bywa, ale zawsze jakoś nie bardzo). Wino i jedzenie podawała mi bez pośpiechu bardzo smutna kelnerka o lewantyńskiej urodzie. Zawsze robiły na mnie wrażenie smutne piękności i ponieważ odchodziłem z ogródka restauracji z graniczącym z pewnością przekonaniem, iż nigdy więcej owej ciemnowłosej dziewczyny nie spotkam (samolot wczesnym świtem następnego dnia), to uznałem, że mogę sobie pozwolić na pewną poufałość: obok napiwku zostawiłem wydartą z notesu kartkę, na której nabazgrałem parę miłych słów bez podpisu, z nadzieją, że ta bezinteresowna życzliwość jakoś rozjaśni jej dzień. Koniec historii, jedno z miliona spotkań, zapamiętane bez powodu, a może z kabotyńskiego nadęcia.

Wcześniej: ciekawy, miły wieczór w Księgarni Polskiej, wino i rozmowy, potem kolacja i więcej chyba słuchałem, niż mówiłem (co zdarza mi się niezwykle rzadko, kto mnie zna, ten wie) — dziwny, tajemniczy, obcy świat emigrantów. Zrozumiałem, że jestem antynomią emigranta, moje życie wrośnięte w hajmat jak grzybnia w glebę jest absolutną antynomią emigracji. Płynę, ślepy, podziemnymi strumieniami, one płyną we mnie, bez nich uschnąłbym.

Potem trochę pospiesznego zwiedzania Paryża, włóczenie się bez celu i mapy, jak nogi poniosą. Do Luwru kolejka za długa. Straszna wizyta w Notre Dame, otoczony i potrącany przez Rosjan i Amerykanów, we wnętrzu martwego kościoła jakbym przeciskał się między żebrami wielorybiego truchła, jak spóźniony Jonasz. W opozycji do martwej katedry jasny, żywy Panteon, w nim wahadło Foucaulta, pod nim laicka krypta z brzydkimi grobami Woltera i Rousseau, a dookoła wahadła retorzy i generałowie pierwszej republiki i Restauracji, napoleońscy generałowie i nawet zamyślony Chateaubriand w roli raczej politycznej niż literackiej i augmented reality — ludzie chodzą z iPadami i oglądają Panteon okiem iPada, z nadzieją, że zobaczą coś więcej.

* * *

— Tatu, a gdzie jest dusza?

— W środku, w człowieku. Ale nie jak serce czy żołądek, tylko jakoś inaczej.

— Jak inaczej?

— Nie wiem. Inaczej. Dusza jest niewidzialna.

— Aha.

— No.

— A ja mam taką książkę *Jak uleczyć duszę*.

— Co?!

— No, taką książkę mam.

— Wcale nie masz.

— Noooo... nie mam, ale mogłaby być taka książka.

— No, mogłaby.

— Bo wiesz, tatu, dusza może być chora.

— Wiem.

— A co jest, jak dusza jest chora?

— Człowiek jest wtedy bardzo smutny.

— A wiesz, tato, kiedy jeszcze człowiek jest smutny?

— Kiedy?

— Jak ktoś umiera. Wtedy się smucimy.

— Wiem. Po to jest dusza: żeby się smucić mniej, jak ktoś umiera. Bo dusza nie umiera.

— No, wiem, że nie umiera. Przecież. Ale może chorować, nie, tato?

— Może. Jak dusza jest chora, to cały świat dokoła jest jakby chory.

— No. Ale wiesz, tato, duszy nie można uleczyć.

— Nie można?

— Nie można. Dusza musi się uleczyć sama. Ona ma tam takie sprzęty w środku i się musi uleczyć sama.

— No, pewnie masz rację.

— Nooooo… Tymi sprzętami. Tato?

— Uhm?

— A Jasiu ma duszę?

— Ma.

— Ale tylko taką malutką, tyciutką, prawda?

— No, może i malutką.

— Tatu?

— Uhm?

— Bo wszyscy umrą, prawda?

— Prawda.

— I my też?

— My też.

— I mama, i dziadek, i babcia, i Zuzia, i mała Marta, i wszyscy?

— No, tak, wszyscy. Kiedyś tam.

— I wszyscy, wszyscy ludzie na całej, całej planecie?

— Tak.

— I tak naraz wszyscy umrą, prawda?

— Jak to: naraz?

— No, tak naraz. W jednej sekundzie. Naraz wszyscy umrą, prawda, tatu?

* * *

U Gumilowa powieść w jednym zdaniu: „Początkowo Güczülük był nestorianinem, jednak po zdobyciu władzy porzucił swoją żonę, chrześcijankę, i zakochał się w kara-kitajskiej dziewczynie, która nawróciła go na «wiarę dziwnych bogów»"*. I dalej, w przypisach: „Raszyd ad-Din podaje, że zdaniem Najmanów, Güczülük posiadał taką władzę nad duchami, że doił z nich mleko i sporządał z niego kumys".

* * *

Jako absolutny ekstrawertyk z bezsilną zazdrością podziwiam milczenie introwertyków, wydaje mi się szlachetniejsze, mam zawsze w konfrontacji z introwertyzmem poczucie własnej niezręczności, hałaśliwości, niestosownego obnażania się w każdym słowie i geście, jakbym nie potrafił jeść nożem i widelcem, i zasiadał do wytwornej kolacji w eleganckim towarzystwie.

* * *

Minęło pięć lat, jak znam się z Máraim. Wcześniej coś czytałem, ale intymność tej relacji zrodziła się latem 2006 roku, na Spitsbergenie, targałem ze sobą *Dziennik* w plecaku, jakby nie dość mi było trzydziestu kilogramów. Od tego czasu nie było miesiąca, żebym po tę książkę nie sięgnął.

* Przełożył Stefan Michalski.

Byłem wtedy, pięć lat temu, kimś zupełnie innym, niż jestem dziś: byłem młodszy, bezdzietny, lepszy, głupszy, dużo weselszy i grubszy, chociaż tak samo skłonny do melancholii jak dziś. Piłem mniej, paliłem więcej, miałem światopogląd, lepsze zdanie o ludziach, mniej pieniędzy i więcej czasu. Gotowałem i pisałem gorzej, piłem gorsze wina i sądzę, że byłem też przyjemniejszy towarzysko. Przestrzenie głupoty przebyte w ciągu tych pięciu lat uświadamiają mi, ile jeszcze głupoty do przebycia przede mną, całe życie idioty w świecie złudzeń; jak bardzo głupi jestem teraz, tego oczywiście dziś nie dostrzegam, ipso facto.

Dziennik mnie zmienił. I nie chodzi tutaj o jakieś gwałtowne przewartościowania, które mi się, owszem, przydarzyły, ale później i od Máraiego raczej niezależnie. Zmiana wydarzyła się gdzieś pomiędzy mną a światem, moje smutki i gorycze, wcześniej nienazwane, nagle znalazły swój i nie swój język.

* * *

Im więcej czytam Ciorana, tym bardziej mnie ten nadęty kabotyn złości. Melancholia Máraiego jest surowa i elegancka, jest melancholią człowieka słusznie dumnego, człowieka klęski i pogardy dla zwycięzców. Cioranowskie rozpacze to poetyka artykułu z plotkarskiej gazety, w której aktoreczka opowiada o tym, jak pokonała depresję. Cioran wdzięczy się do tych, którymi chciałby pogardzać. Irytuje mnie tym bardziej, im bardziej podobny wydaje mi się do mnie samego. Dlatego chyba ciągle go czytam — bo to, co jest w nim autentycznie wartościowe: okrutna antropologia, mizantropiczna wiwisekcja natury ludzkiej — to i tak przepisał w całości od La Rochefoucauld. Przeglądam się w *Zeszytach...* jak w krzywym zwierciadle. Albo i nie krzywym.

Máraiego zaś czytam z perspektywy przeciwnej, jakby powoli stawał się dla mnie dobrym przykładem tego, co może być szlachetne w człowieczeństwie. Mała wyspa na oceanie mizantropii.

* * *

Bardzo ciepłe popołudnie. Ubogi człowiek śpi na ławce na Plantach, przykryty wzorem z liściastych cieni. Trochę jeszcze punk: kolorowe sznurówki w glanach, pod ławką schludnie spakowany plecak na aluminiowym stelażu, podwinięte dżinsy ze spłowiałą naszywką. Ale bardziej już kloszard: brudna kurtka, cztery warstwy ubrań mimo upału, ta tajemnicza mądrość bezdomnych. Straszne strupy na twarzy i szyi. Śpi z szeroko otwartymi ustami: brak mu górnych jedynek i dwójek, nagie, miękkie dziąsło, a w nim wampirze kły. Śpi, podłożywszy pod policzek obie dłonie w geście niewinnej, sennej modlitwy, w geście tak dziecięcym, że przechodząc obok niego, przełykam ślinę raz za razem, aby się nie rozpłakać — mój syn sypia w ten sposób. Potem brzydzę się sobą za tę czułostkowość, będącą przecież w rzeczywistości pancerzem, od którego odbija się nieszczęście obcego człowieka.

Potem dwoje flamandzkich Belgów, znowu z plecakami, dziewczyna i chłopak, pytają mnie o drogę: nie znam ulicy, o którą pytają, ale rozmowa z nimi sprawia mi dziwną przyjemność, może dlatego, że cały dzień milczałem, nie rozmawiałem z nikim o niczym, więc bardzo staram się im pomóc, szukam ulicy na mapie w komórce. Oboje bardzo ładni, chociaż bynajmniej nie piękni, bardzo odlegli od piękna: zdrowi, zamożni, dobrze zbudowani, ostre linie szczęk, jasne oczy i włosy. Chłopiec jest mojego wzrostu, lecz bardzo szczupły, dziewczyna jest rosła, ma duże piersi i szerokie biodra. Podobają mi się razem. W końcu znalazłem tę ulicę: dziękują mi wylewnie i idą w swoją stronę, ulotna, płytka i intensywna serdeczność backpackerskich zażyłości. A może teraz już nikt nie używa tego słowa? Nie wiem. Nie sądzę, bym mógł jeszcze kiedyś zanocować w hostelu z „prawdziwą backpackerską atmosferą": nie zniósłbym chyba tego modelu relacji dłużej niż przez kilka minut. Nie chcę już poznawać ludzi.

* * *

Z restauracji wychodzi starsza, otyła jejmość. Idzie wolno, wspiera się o balkonik, ostrożnie stawia zdeformowane stopy, przelewa się z nogi na nogę.

Na ramionach połcie tłuszczu w zwiędłej skórze trzęsą się przy każdym kroku. Jest bardzo smutna i bardzo zmęczona. Za nią idzie opalony, ładny chłopiec w obcisłej koszulce, nie wiem, wnuk, może siostrzeniec. Idzie za nią i wstydzi się, tak jej się wstydzi, że aż spuszcza wzrok, zwalnia kroku, jakby mówił: ja wcale nie jestem z tą grubą panią.

Wstydzi się przed gośćmi z restauracji, ale przede wszystkim przed towarzyszącą mu wypindrzoną blondyneczką o aparycji rozwiązłej chomiczki. Panienka drobi na swoich szpileczkach groteskowym kroczkiem i o wstydzie nie ma u niej mowy. Nie wydaje mi się zdolna do wstydu, bo wstydzić się można wtedy, kiedy jakoś rozumie się ponurą dynamikę relacji międzyludzkich. A ona przecież nie rozumie nic.

Mam ochotę wstać i potrząsnąć tym gnojkiem bez serca, wstyd mi za jego wstyd, ale oczywiście nagle zainteresowany jestem raczej jedzeniem na talerzu i bąbelkami w szklance z mineralną. I teraz też już się wstydzę: samego siebie. Odwracania wzroku. Wstydzę się, że źle pomyślałem o różowej dziewczynie, dlaczego źle o niej pomyślałem, czy dlatego, że była przyczyną wstydu tego chłopca? Cóż ona winna? Może się nie wstydziła, bo w tej zmęczonej, starej pani widziała człowieka, widziała przyrodzoną godność ludzką, której poza nią nie dostrzegł nikt i ja też nie dostrzegłem, bo przecież widziałem tylko brzydotę i starość i litowałem się nad nią?

Może różowe dziewczątko wiedziało, że nie ma się czego wstydzić?

Później, tego samego dnia, siadam w knajpce, przodem do Plant, mam piwo i słodkie, goździkowe papierosy i zlewam się z tłem jak wielki, melancholijny kameleon. Prawie mnie nie ma, znikam nawet dla samego siebie. Patrzę na dziewczyny: jak się przechadzają Plantami i kwitną w tej rozleniwionej, parnej kobiecości nóg, bioder i ramion, głośnego śmiechu, gestów i dzwonienia rowerowymi dzwonkami. Nie czytam, nie piszę. Wieczorem niestosownie byłoby wyciągać komputer. Kto w kawiarni nocą stawia na stoliku komputer? Wstydziłbym się tak nocą w kawiarni wyciągnąć komputer. Moja chwilowa i dobrowolna samotność stałaby się zbyt oczywista, zbyt widoczna, głupia, nie na miejscu, wstydziłbym się takiej samotności.

Gdzieś obok dziewczęcy głos donośnie i ze swadą opowiada historię Dżesiki (imię zmieniłem, ale współbrzmi), która urodziwszy, ciągle nie wie, kto jest ojcem dziecka, i cała wieś prowadzi śledztwo. Odwracam się na moment: narratorka jest śliczna i wielkomiejska: asymetryczna fryzura, duże kolczyki i okulary, i bransolety, i luźne spodnie z krokiem w kolanach.

O Dżesice opowiada ze znawstwem wiejskich spraw i z pogardą dla wsiowego życia, nad którym panuje proboszcz z areopagiem starych bab, chłopy macerują się w wódczanych oparach, a brudne dzieci już zaczynają marnować życie, małe piekło na ziemi. Historia pączkuje, pojawiają się nowe postaci, ale próbuję już nie słuchać, chociaż opowiadana jest świetnie i naprawdę głośno — wstydzę się dalej słuchać.

Jednak siedzę trzy stoliki od niej i słyszę wszystko. Narratorka wstydzi się tego małego piekła gdzieś w Polsce i czuję do niej niechęć od momentu, w którym usłyszałem maskowany śmiechem wstyd.

Nie lubię cię, ładna miejska dziewczyno ze wsi. Być może tylko dlatego opowiadasz: aby walczyć ze wstydem.

Ale dlaczego cię nie lubię? Przecież masz rację, koszmarne są te na wpół wykorzenione społeczności, w których przednowoczesna forma chłopskiego życia społecznego znajduje się w stadium najtrudniejszym do zniesienia: już dawno martwa i przegniła, nie zdążyła jeszcze zawalić się zupełnie i jakoś, pochylona, trwa: ni polska, ni chłopska, w splocie katolicyzmu i dyskotek na trzy tysiące gości, wiejskiej chutliwości i niezbędnej hipokryzji, wiejskich lowelasów, róż różańcowych i cichodajek, cynicznych starych proboszczów i świetlistych młodych wikarych, wójtów, zakupów na kreskę, organistów i prowincjonalnych polonistek, pól i dopłat z Unii Europejskiej, starych golfów i nowych traktorów, i płaskiego krajobrazu gdzieś pomiędzy Radomiem a Łomżą, smutnego jak próba samobójcza.

Z takiej wsi sam uciekłbym do miasta. I potem bym się tej ucieczki wstydził, chociaż nie wiem dokładnie dlaczego, bo przecież nie wybieramy sobie daty i miejsca urodzenia. Więc mogłabyś być dumna, narratorko opowieści o Dżesice, która szuka sprawcy dziecka, mogłabyś być dumna, że się z tego piekła wyrwałaś, a tymczasem wstydzisz się tamtego świata.

A może właśnie wstydzisz się, że uciekłaś?

Czy wstydziłbym się, gdybym uciekł z mojego śląskiego mikrokosmosu? Czy wstydzę się, że „moja mowa mnie zdradza", nawet kiedy mówię po polsku, czy wstydzę się pochyłego „a", dziwnej składni i śmiesznej, wznoszącej intonacji w pytaniach? Może powinienem. Dla ćwiczenia w pokorze, umniejszenia samego siebie, dla postępowania ku wyzwoleniu? Może należałoby oderwać się od tych przyrodzonych fundamentów, jak święty Franciszek położyć się nago na gołej ziemi? A potem wstydzić się tej nagości, lecz być wolnym? Czy próbuję wstyd zmienić w dumę, tak jak ta dziewczyna, czy raczej pychę kiełznać wstydem?

Nie wiem.

Wstydzę się tych wątpliwości. Tym samym, jednym wstydem: opalonego chłopca, wielkomiejskiej dziewczyny i moim, wstydzę się fundamentu, który jednocześnie mnie wzmacnia i niewoli. I wstydzę się wstydu.

* * *

Taka noc otępia i wyostrza jednocześnie. Otępia mnie, wyostrza świat. Drapiące prześcieradło, powietrze zawilgłe i stęchłe, świat śmierdzi, pali mnie w twarz światło w lodówce, z której niczego nie wyciągam, stoję tylko, patrzę, jak więdnie nać selera w zapoconym woreczku. Zamykam lodówkę głucho, snuję się po dziwnym domu, słucham dziwnych oddechów.

Potem to już raczej siedzę otępiały, w wyostrzonym pokoju, komputer na mnie świeci, trzecia, czwarta, piąta, wpół do szóstej, za oknem budzi się świat i rzężą zmarznięte silniki, ludzie do pracy. Bezsenność mam we krwi i myślę o dwudziestu latach, bo tyle trwa już bezsenność mamy mojej mamy, dwadzieścia lat szarych nocy, płatki śniegu tańczą w pomarańczowej kuli latarni i najbardziej znienawidzony wróg, straszny głos psa-diabła, szczeknięcia jak uderzenia prądem, kiedy powieki opadają tak powoli, że nigdy nie opadną, a ona leży w koszuli nocnej, oczy szeroko, szeroko otwarte, leży pod pierzyną, ręce na pierzynie, dłonie skręcone i patrzy w ten straszny sufit, i o czym myśli?

O szarym niebie nad Bałtykiem? Pamiętam szare niebo nad Bałtykiem, ale to były lata dziewięćdziesiąte i był zimny lipiec, i brzydkim jachtem o imieniu „Stenia" płynąłem do Szwecji, dookoła Bornholmu i na Rugię, przecinając kilwater styczniowego statku z Królewca do Kilonii, na którym w 1945 roku nastolatka z Arbeitsdienst przemykała się przez oczka sieci z sowieckich torped i bomb i może teraz właśnie leży, i na suficie sypialni widzi tamto zmrożone niebo i morze, duże jezioro na uboczu świata. Morze przecinają ślady peryskopów radzieckich okrętów podwodnych i kilwatery wikińskich knar i langskipów, i stalowego jachtu, którym płynie do Karlskrony taki mniejszy, młodszy, głupszy i lepszy ja, szlakiem, którym na północ płynęły łupy, prostopadłym do szlaku ciał stężałych w mroźnej wodzie.

A ona, bezsenna, czy myśli o Bałtyku, czy raczej o surowych deskach pociągu, do którego w końcu dotarła po swoim rowerowym Grand Tour przez powalone na kolana Niemcy, aby w końcu wrócić do przeoranego Śląska, gdzie panowali już ci, przed którymi uciekała, panowało szare widmo Nemmersdorf. Pogwałcone czarne ciała na śniegu, zadarte spódnice i rozszarpane pończochy, czy to był śnieg, czy tylko jasna ziemia czarno-białej fotografii?

Nemmersdorf dzisiaj nosi nową nazwę na cześć poety, który kochał rewolucję, a potem się zastrzelił albo go zastrzelono, „Wilhelm Gustloff" zaś, zatopiony sowiecką torpedą, nazwany był tak na wieczną pamiątkę szwajcarskiego nazisty zabitego żydowską kulą. A przed „Gustloffem" albo w ślad za nim, albo obok niego statek z matką mojej matki przemyka niezatopiony, dlatego żyję, jestem.

Dzięki ci, sowiecki matrosie, który na wachcie przegapiłeś daleki ślad komina na horyzoncie, dziękuję ci, radiotelegrafisto, który pomyliłeś współrzędne, dziękuję ci robotniku, który źle skręciłeś zapalnik torpedy, dziękuję wam, milczącym, za moje bycie i za moją bezsenność, i za jej bezsenność.

Ćwierć wieku temu siedzimy na łóżku, ja i moja siostra, a ona, matka mojej matki, ćwierć wieku młodsza, opowiada nam historię, która stała się treścią jej życia: jak ojciec, polski strażnik graniczny, uciekał przed Niemcami wtaczającymi się zza bliskiej granicy, którą nieomalże widać z okien ich domu w Gierałtowicach, a już na pewno kiedy wejść na dach, a potem wrócił, a potem go zabrali, a potem z Mauthausen przyszła depesza, że ojciec już nie żyje, a potem ona do Arbeitsdienst, a potem do Prus Wschodnich, a potem nad Prusami widmo Nemmersdorf, ciała na śniegu, stalowy Bałtyk.

A potem z koleżanką Niemką na rowerach, skąd miały te rowery, ciągle nie wiem i przecież już mi tego nie wyjaśni i wujek bliski, chociaż zupełnie niemiecki w Berlinie spotkany w metrze, a potem gęste niebo nad Dreznem, a ona pod Dreznem i nie wpuszcza jej do Drezna stary żołnierz w szarym płaszczu, i ona w tym wszystkim, co prawdziwe, co wyobrażone, co skłamane, co zapomniane dzisiaj, w starczej, lepkiej, zalanej lekami bezsenności.

Wtedy już mówi po niemiecku, ale ciągle źle, a jej matka-wdowa mówi po niemiecku świetnie i czeka na nią, na małą nastolatkę o ciemnych włosach, która właśnie żyje swoje życie, jedzie na rowerze przez płonące Niemcy, aby w końcu spotkać żołnierzy w innym odcieniu zieleni, a jeden z nich jest nawet Murzynem, i mówią jej: nie jedź tam, dziewczyno, do bolszewików. Pokonali Niemców, a też boją się Nemmersdorf, ale ona już bardziej tęskni, niż się boi.

Wraca do cichego życia, które potem, do męża, który potem, do córek, które potem, do wnuków, które potem, do mówienia po niemiecku z mężem, aby dzieci i wnuki nie rozumiały, do domu, który urośnie w latach pięćdziesiątych ubiegłego wieku i który pachnie moim dzieciństwem i wilijōm ze konopiötkōm a makōwkami, a geszynkami pod krisbaumym i do wszystkiego, co potem, i do dwudziestu lat szarej bezsenności, pełnej tamtego życia i modlitw za nas, za jej córki i wnuki, i za świat, który może tylko dzięki tym modlitwom nie spłonął jeszcze w świętym ogniu.

A ja jestem bezsenny jej bezsennością, na nieprzekraczalnej krawędzi zasypiania słyszę zdania i słowa, słyszę jej dawny głos, po niemiecku ucisza białowłosego ojca mojej mamy, nie umiem powtórzyć tego zdania, a jednak słyszę je wyraźnie i zamykam oczy, jakbym ściskał powiekami mocne sprężyny, nic z tego, nie zasnę dzisiaj, wzdycha i sapie w koszyku moje niemowlę, które nosi imię mojego ojca, i czym dotkniesz to niemowlę, Czarny Boże, a jaką historią dotkniesz mnie, nietkniętego potomka długiego szeregu dotkniętych i zgwałconych?

Od historii zachowaj nas, Panie.

Ale nie zachowasz. Jak nie zachowałeś od bezsenności.

* * *

Przedwczoraj i wczoraj na kilkanaście godzin Warszawa, a grudzień jak w Mediolanie. Rankiem z balkonu Łukasza Orbitowskiego zrobiłem zdjęcie skyline'u, ostatni raz, bo Łukasz wybiera się iwaszkiewiczyć w kraju znanym z brzydkich kobiet, ale to pewnie nieprawda, i z tego znanym, że hasał w nim Pasek, co z Czarneckim rzucił się przez morze.

Lubię Warszawę.

Wcześniej spałem z pewną czarną bohaterką literacką, która ma już wszczepiony chip, a potem przyszedł również Prezes i zawieszona w powietrzu ich obecność, a głównie sierść, na którą jestem uczulony, wygnały mnie na ten balkon, żeby na chwilę chociaż wiatr owiał oczy załzawione i mordę spuchniętą.

Oczywiście, opuchlizna miała również coś wspólnego z wypitą poprzedniej nocy żołądkową i innymi napojami, a potwierdzały to wymowne spojrzenia kelnerek, kiedy rano piliśmy kawę w tym samym lokalu, co poprzedniego wieczora, i było to, przyznaję, trochę nieprzyzwoite.

A potem szedłem sobie tym grudniowym Mediolanem, słuchając Contemporary Noise Quintet tak głośno, że zza fortepianu nie było słychać nawet tramwajów, i pomyślałem sobie, że nie mam żadnej mądrości, którą mógłbym przekazać światu. Chciałbym mieć taką mądrość, ale nie mam.

Uśmiechnęła się do mnie dziewczyna w czerwonej sukience i jasnym płaszczu, rozpiętym w pełnej optymizmu prefiguracji kwietnia, szła szybko, stukając obcasami szpilek.

W tramwaju uklęknęła Cyganka z kilkuletnim dzieckiem na ręku i śpiewała piosenkę, śpiewała, żebrząc, mocnym, jasnym głosem. Mężczyzna, nad którym stałem, odwrócił się do okna i płakał. Ja nie płakałem.

Na dworcu, nieco roztargniony, próbowałem wyciągnąć pieniądze z wpłatomatu, nie rozumiejąc, dlaczego maszyna odmawia mi wykonania tej prostej czynności, i nie rozumiejąc, dlaczego żąda, bym wpisywał numer konta. Śmiało się ze mnie dwóch nastolatków, świadków mojej kompromitacji; popatrzyłem na nich groźnie, ale wcale się mnie nie przelękli. Za stary, za gruby, żeby nas dogonić, myśleli, mogą śmiać się bezkarnie.

Kupiłem gazetę, ale jej wcale nie czytałem, po co miałbym czytać gazetę?

Kupiłem bilet.

Stałem na peronie, ludzie czekali w nerwowym napięciu, jakby Eurocity Sobieski był ostatnim pociągiem z oblężonego miasta, z którego chcieli uwieźć siebie, rodziny i dobytek.

Siadłem w pociągu. Pociąg ruszył, ja z nim, bo taki jest rzeczy porządek, pamiętaj o tym, błaźnie, zachorujesz na zdrowy rozsądek, ozdrowiejesz na chorą wyobraźnię.

W warsie chciałem zjeść obiad i napić się piwa, ale jakiś dżentelmen starej daty zapytał zdawkowo „czy można", mnie zatkało, a on nie czekając na mój protest, natychmiast zasiadł naprzeciwko przy malutkim, dwuosobowym stoliczku. A garnitur miał potworny, trzyczęściowy, jak z kotary uszyty. Być może dżentelmeni starej daty uważają, że takie jest decorum pożywiania się w wagonach restauracyjnych. I tak moglibyśmy sobie intymnie jeść razem, spoglądając sobie czule w oczy i w talerze, ale dżentelmen pachniał intensywnie old-spajsem i nastroszonymi wąsami, w których miał jeszcze resztki poprzedniego posiłku, a ja, kiedy już odzyskałem panowanie nad ciałem, podniosłem się i odszedłem jak niepyszny, jak piesek od miski przez buldoga odegnany, żadnej przemocy, tylko krótkie warknięcie, ogon pod siebie i do budy, wróciłem na swoje miejsce głodny i spragniony i wróciłem do lektury szczotek świetnej powieści, o której nie mogę powiedzieć ani słowa, więc nie mówię.

Patrzyłem za okno. Równina.

Patrzyłem za okno. Miasto.

Patrzyłem w sufit. Światła.

Poszedłem na koniec pociągu, przycisnąłem telefon do szyby i nagrałem minutę uciekających w przeszłość torów w jakości HD, często tak robię, sam nie wiem po co, mam już dużo takich minutowych filmów, fascynują mnie uciekające w przeszłość tory, słupy i nasypy, ich dramatyczna perspektywa malarska i eschatologiczna, i biograficzna. A kiedy przycisnąć telefon do szyby, to obraz jest stabilny. Nigdy potem tego nie oglądam, bo po co oglądać minutowy film z uciekającymi w przeszłość torami, ale ciągle nagrywam. Żeby coś ocalić.

Przez chwilę chciało mi się papierosa, ale jak dojechaliśmy do Katowic, to już mi się nie chciało.

Mój przyjaciel ma bardzo, bardzo chorą córeczkę.

W Katowicach również ciepło, znowu szedłem, i muzyka.

Myślałem o maleńkim ciele tej dziewczynki, tak małym, że mieści się w dłoniach. Ma na imię Ania.

Jakiś chłopiec grał na gitarze w podziemiach dworca, nie dałem mu ani grosza. Bo był daleko. Gdyby był blisko, to może bym dał, chociaż i tak miałem słuchawki w uszach, więc to nie byłby grosz uczciwie dany.

Nie mam żadnej mądrości.

Szedłem i nienawidziłem banków, które przesiąkają miasto jak grzybnia pastelowych kolorów, wzruszających billboardów pełnych optymistycznych obietnic, świecących nocami reklam, przesiąkają, rozpierają się tłustymi zadami babilońskich kurew, wylewają się z okien i witryn i wypierają z miast wszystko inne, wszędzie banki, tylko banki, ich oddziały jak wrogie sztandary nad zdobytymi twierdzami. Ale to też nie jest mądrość.

Mój przyjaciel ma dużo mądrości i ma bardzo, bardzo chorą córeczkę, której ciałko mieści się w dłoniach.

Ja nie mam żadnej mądrości, mam za to paru przyjaciół i trochę zaprzyjaźnionych książek.

Żyję, sobą i w sobie, i w innych ludziach, w tym, co we mnie zmieniają, i w tym, co w nich sobą zmieniam nieodwracalnie i już pozostawiam zmienionym, w bliskich i dalekich, żyję w tym mężczyźnie, co płakał w tramwaju, i w przyjaźniach, i nawet we wrogach moich żyję. Żyję.

Rano zapaliłem papierosa przed śniadaniem, mroźną drogą po bułki. Smakował. Nie jestem mądry. Żyję.

2012

Tępa praca nad końcówką powieści. Jeszcze sto, może sto pięćdziesiąt, może dwieście tysięcy znaków do napisania. Kto wie. Może więcej. Ale już blisko. Wiem, że blisko, bo w końcu wszedłem w ten tryb całkowitego zanurzenia w książkę. Niczym innym w zasadzie nie jestem w stanie się zająć, o niczym innym za bardzo nie potrafię myśleć. Staję się tą powieścią. Potem skończę i wszystko ze mnie zejdzie, i może nawet uda mi się od tego nie oszaleć, ale z każdą ukończoną książką rekonwalescencja po skończeniu pisania jest trudniejsza. A tę piszę już tak długo, zacząłem latem 2010 roku, że Bóg jeden raczy wiedzieć, co się stanie, jak skończę.

Siedzę więc w domu, prawie nie wychodzę. Zimno jest jak w piekle, więc nawet się wychodzić na ten eschatologiczny mróz nie chce. Moje własne uporządkowanie czasu odkleiło się od zewnętrznego porządku czasu zwykłego i świątecznego, przed

Bożym Narodzeniem przez dwa miesiące okres intensywny, burzliwy, biesiady apokaliptyczne, nocne eskapady ulicami miast nie moich, całe baterie butelek zdobyte, nowe twarze i stare twarze, miejsca, w których nigdy wcześniej nie byłem i do których pewnie już nigdy nie wrócę, nowe kluby i knajpy oglądane zza rauszu właściwego trzeciej i piątej nad ranem, mieszkania przyjaciół, Wieża w Krakowie, wszystko.

A teraz siedzę w domu, bawię się z synami, rzadko wychynę w ogóle na dwór. Do kawiarni raczej pisać nie chodzę, bo nawet zaciszne i oswojone Kafo nie pasuje mi do okresu ascetycznego, poza tym na mróz nie chce mi się wychodzić. Wino rzadziej i raczej niedużo, nawet kiedy jednak w końcu wyjdę gdzieś wieczorem z przyjaciółmi, to raczej apollińskie, nie bachiczne, są te kolacje i spotkania. Bezsenność też odeszła i spałbym jak dziecko — gdyby nie dzieci, które nie zawsze spać pozwalają, odsypiam więc długo rankami i jeszcze kładę się na poobiednią albo wieczorną drzemkę, jak pan w średnim wieku (jestem już nim czy nie jestem jeszcze, tym panem w średnim wieku?) i nawet piszę nocami, co od dziesięciu lat prawie mi się nie zdarzało.

I od tego życia, które nagle zwolniło, a jednocześnie stało się intensywniejsze, przyszedł mi też nastrój na właściwe okresowi ascetycznemu lektury, ale nie bardzo chcę czytać książki nowe, więc teraz znowu dzienniki Pepysa celowo bardzo powoli, jednego dnia notka z odpowiednią datą i zacząłem zupełnie od początku.

Trzydziestego stycznia 2012 roku czytam, że Pepys trzydziestego stycznia 1660 roku wbił w ścianę swojej sypialni gwoździe, aby wieszać na nich płaszcz i kapelusz. Najpierw czytałem polski przekład Marii Dąbrowskiej, ze względu na świetną polszczyznę tegoż, ale potem przypomniałem sobie, że to przecież wybór, a ja jakoś nie ufam wyborom tego „trochę zezowatego karzełka z grzywką przyciętą na pacholę", albowiem Dąbrowska, nieodłączne dziecko swojej epoki i formacji inteligenckiej, nie potrafi powstrzymać się przed pouczaniem tępego czytelnika w przypisach, iż Pepys był cynicznym łajdakiem. Żeby upewnić się, iż czytelnik diarystę skrupulatnie potępi. Co mnie brzydzi i odstręcza, jak całe to tak zwane przedwojenne wychowanie i etos inteligenta polskiego, z fundamentalną dlań skłonnością do nieustannego moralizowania i moralizatorskiego konceptualizowania świata.

Irytuje mnie również dezynwoltura, z jaką Dąbrowska zmienia Pepysowi jego dni: chociażby kiedy ten w 1666 roku pisze o piersiach pięknej Mercer, które podobają mu się najbardziej z wszystkich, jakie widział, Dąbrowska tłumaczy to tak, jakby Pepys się im jeno przyglądał, podczas kiedy sam diarysta sugeruje znacznie więcej. Niech już będzie, dla przyzwoitości, ale u Pepysa zachwyty nad piersiami Mercer kończą się tak charakterystyczną dlań zmianą diapazonu: So home and to supper with beans and bacon and to bed. A co u Dąbrowskiej? Nic, ani słowa o fasoli i boczku. Może uznała, że to niestosowne, tak przejść bezpośrednio od piersi pięknej Mercer do wzdymającej fasoli z boczkiem? A przecież właśnie takie zmiany poetyki — z przygód w parlamencie na picie poranne, z porannego drinka na zadumę nad polityką zagraniczną, z polityki do piersi Jane czy innej tam jeszcze, od piersi do kolacji, po kolacji graliśmy na flecie, potem spać — czynią Pepysa tym, kim się dla europejskiej kultury stał, bo przecież nie tylko o dokument epoki chodzi, ale o chaos, którym jest Życie, a który się w dziennikach pana Samuela w tajemny sposób objawia. A Dąbrowska uważa, że może go poprawiać, nie wiem, kompozycyjnie. I nie tylko dokonuje skreśleń; dokonuje również zmian. Ponieważ tak jej się lepiej komponowało, u niej „boczek z groszkiem" pojawiają się dzień później, dwudziestego czerwca 1666 roku, podczas gdy w dzienniku nie ma o nich wtedy mowy.

A to przecież ważne, bardzo ważne, kiedy Pepys jadł te swoje beans and bacon. Bo co, jeśli tajemnica Życia ukrywa się właśnie w tym, że jadł ten boczek z fasolą dziewiętnastego czerwca, będąc ciągle zachwyconym piersiami pięknej Mercer, a nie dwudziestego, po śpiewaniu z ojcem i żoną w ogrodzie?

* * *

Jest taki styl literacki, którego wewnętrzna struktura nie pozwala na fałsz, tak jak nie sposób śpiewać pędzlem. Nawet kiedy autor pragnie kłamstwa. Zdania napisane tym stylem są najpotężniejsze. To marzenie Ciorana o języku, którego słowa, niczym pięści, gruchotałyby szczęki.

Nie sposób się go nauczyć, więc tylko czasem znajduję go u innych i pokornie godzę się z jego wyrokami. A gdyby dotknęło kogoś przekleństwo pisania tylko tym stylem, niechybnie musiałby się rozstać z samym sobą.

* * *

Pisarz, jak donosiciel tajnej policji, powinien być zawsze w pracy. Właściwe pisanie, stukanie w klawisze, skrobanie po papierze — chociaż żmudne — to tylko dopełnienie pracy literackiej, jak pokrycie obrazu werniksem.

Pisarz powinien być w pracy, kiedy uspokaja płaczące niemowlę i kiedy przez niego płacze kobieta, kiedy rodzi mu się dziecko i kiedy grzebie bliskich, i kiedy tańczy, kiedy śni i kiedy się budzi, kiedy kocha i kiedy gardzi. Pisarz powinien być w pracy, kiedy pije z przyjaciółmi i kiedy spotyka kobietę, której pożąda, kiedy podróżuje i kiedy jest we własnym domu, z obcymi i z bliskimi. Pisarz powinien być w pracy nawet wtedy, kiedy nierozważny przyjaciel zawierza mu tajemnicę. Przyjaźnić się z pisarzem, kochać pisarza, to jak przyjaźnić się z kamerą wideo, szczególnie czułą na te chwile, w których jesteśmy obnażeni. Wszystko zostaje zapamiętane, wszystko, co bolesne, kiedyś zostanie użyte.

Najtrudniejsze i najważniejsze jest jednak być w pracy wtedy, kiedy samemu jest się podłym i małym, kiedy jest się zawistnikiem lub tchórzem — a bywa się przecież, bo każdy czasem bywa. Wtedy praca pisarza jest szczególnie przykra, kiedy trzeba widzieć siebie samego we własnej podłości i małości. Bez najdoskonalszych kłamstw, jakimi zwykle szkicuje się bieżący autoportret, żeby nie oszaleć z odrazy na widok własnej twarzy w lustrze. A pisarz zwłaszcza wtedy powinien być w pracy, bo musi podłość i tchórzostwo rozumieć, jak wszystko inne, a tylko własną małość możemy zrozumieć naprawdę, małość innych ludzi, dzięki Bogu, raczej jednak pozostaje przed nami zamknięta, widzimy ją z zewnątrz, dostrzegamy jej objawy, lecz nie znamy jej wewnętrznej dynamiki ani złożoności. Odwrotnie jest ze szlachetnością — tę prawdziwą dostrzec i zrozumieć możemy raczej u innych. I to też może być bolesne, widzieć szlachetność u wroga, ale kiedy dostrzegamy ją w sobie, kiedy się własną sycimy, to zwykle tylko nam się wydaje, że jest, a już na pewno nic z niej nie rozumiemy.

* * *

Nie rozumiem podróżowania. To trochę tak, jakbym, przyduszony, napisał, że nie rozumiem oddychania, bo chociaż nie podróżuję rzadziej niż kiedyś, to krócej i bliżej. Na półtora miesiąca na Syberię czy do Mongolii już nie pojadę.

Wiem tylko, że muszę podróżować — za każdym razem po to, aby powrócić. To oczywiście nie moja odpowiedź, tylko Markiza z *Pieśni o miłości i śmierci chorążego Krzysztofa Rilke*. Z tą różnicą, że ja wracam, a Markiz nie wrócił.

A kiedy się już powróci, jest się u siebie bardziej, niż gdyby się nie wyjeżdżało. Ale to nie jest sens podróży, to jest tylko sens jej zakończenia i wiem, że w samej podróży jest jeszcze coś więcej, i tego właśnie nie rozumiem.

Wiem, że ważne jest, aby się nie spieszyć, dobrze też nie zwiedzać zbyt wiele. Co wydaje mi się ważne, to marnować dużo czasu na spacery bez celu, w obcych kawiarniach i restauracjach, bo to szlachetne i godne marnotrawstwo. Nie chodzi przecież o to, by w kawiarni wypocząć, bo wypocząć można również za darmo w parku, jedząc bułkę z fast foodu. W kawiarni siedzi się bez celu i marnotrawi pieniądze, nie służy to niczemu, może poza udawaniem „klasy próżniaczej", o której kąśliwie pisze Veblen, a ja jego kąśliwości nie rozumiem, bo jakaś ważna część człowieczeństwa wydaje mi się dziać w tym próżniactwie i marnotrawstwie.

W każdej prawdziwej podróży jest coś szlachetnie zbędnego. Prawdziwa podróż nie ma celu. Podróż jest marnotrawstwem czasu i brakiem sensu i ostatnio właśnie tak niepotrzebnie i bez sensu zajechałem do Wilflingen.

To mała wieś w historycznej Górnej Szwabii, dziś administracyjnie w Badenii-Wirtembergii. Jawi mi się raczej jako maleńkie miasteczko, wsi w polskim rozumieniu tego słowa tam nie widziałem. Dla Ślązaka taka mikromiasteczkowość to żadna egzotyka, niewiele się to Wilflingen różni od moich Pilchowic, poza wielkością, na korzyść Pilchowic, i zamożnością wraz z jej konsekwencjami, na korzyść Wilflingen. Podobnie patrzą na siebie zamek, kościół i murowane na wpół kamienice, na wpół wiejskie domy, podobnie promieniście rozchodzą się uliczki. A kiedy spojrzę na przedwojenne fotografie Pilchowic lub kiedy posłucham wspomnień moich dziadków, podobieństwo staje się jeszcze większe.

Nie pojechałem do Wilflingen specjalnie, tylko wracałem skądinąd, był jednak szlachetny absurd w tej podróży, bo aby do Wilflingen dotrzeć, nadłożyłem dobre trzysta kilometrów. A raczej nadłożyliśmy, bo podrzuciwszy wstępnym naszych zstępnych, oddawaliśmy się temu absurdowi samotni we dwójkę, podróżując w ten sposób po raz pierwszy od dwóch lat chyba.

Nadjechaliśmy do Wilflingen od zachodu. Przejechawszy kawałek Lotaryngii i Alzacji, przekroczyliśmy Ren i wjechaliśmy w góry Schwarzwaldu, które rzeczywiście czarne są i zalesione, i bardzo po niemiecku mgliste i romantyczne. Tak bardzo, że gdybym woził takie płyty w samochodzie, to puściłbym sobie zaraz jakieś *Lieder* Schuberta, słuchał fortepianu i kobiet śpiewających po niemiecku o królu w Thule, o dziewczynie i śmierci albo o pstrągu; na szczęście nie wożę Schuberta w aucie. Zegara z kukułką, lokalnej specjalności, też nie kupiłem.

Potem zamiast gór i lasów były już głównie pokryte polami i łąkami wzgórza, podobne do siebie jak dwie krople wody miasteczka z -ingen w nazwie, a w każdym jakiś zajazd, wszystko prawie już po austriacku gemütlich. I w końcu, przy podwójnie bocznej drodze, znaleźliśmy Wilflingen, które nie różni się niczym od miasteczek okolicznych.

Oczywiście, nie zajechaliśmy tam przez przypadek. Absurd to nie przypadek. Pojechaliśmy do Wilflingen, bo chciałem zobaczyć miejsce, gdzie przez pół wieku mieszkał Ernst Jünger, pisarz, którego książki są dla mnie ważne. Dotarłem więc do Wilflingen. Stoi tam dom, w którym przez pół wieku mieszkał Jünger, a potem umarł, a w domu urządzono martwemu pisarzowi muzeum, a ja go nie zwiedziłem, bo było zamknięte — i wcale nie żałuję, bo absurd całej tej podróży od razu wyszlachetniał.

Pochodziłem sobie dookoła, wesoły idiota, pytając sam siebie: no i cóżeś chciał tu zobaczyć, cóż? Naprzeciwko stoi zamek baronów Schenk von Stauffenberg, spojrzałem tylko przez parkan i poszliśmy dalej, do zajazdu Zum Löwen, gdzie zatrzymaliśmy się na noc. Zjedliśmy pieczeń z jelenia, podobno baron von Stauffenberg sam go zastrzelił. Właściciel zajazdu, nie rozumiejąc, że niepotrzebny nam w tej podróży sens, dzwonił do zamku i pytał, czy pan baron nie mógłby muzeum otworzyć i nas oprowadzić, bo tym się również zajmuje, oprócz strzelania do jeleni, a skoro specjalnie przyjechali, z daleka… Ale pan baron otworzyć nie mógł, bo musiał akurat jechać do lekarza, i szczęśliwie jednak muzeum nie widziałem. Pana barona też nie.

Jelenia popiliśmy dużą ilością przejrzystego szwabskiego schussenriedera, po czym syci i trochę pijani poszliśmy spać. Nazajutrz pojechaliśmy jeszcze na grób Jüngera, ale po co? Przecież nie wywoływać duchy. Leży martwy pisarz pod płaskim nagrobkiem z białego kamienia, na skromnym cmentarzyku, razem z dwiema żonami i dwoma synami. Nieopodal rośnie lipa, którą sam posadził na dwadzieścia lat przed śmiercią. A dookoła wzgórza, pola i zagajniki. I tyle całego Jüngera, więc po co nadłożyłem te trzysta kilometrów, żałosny jak nastolatka pielgrzymująca pod dom swojego idola, z nadzieją, że ujrzy chociaż cień jego w oknie? Przecież nie chciałem się niczego dowiedzieć, niczego zrozumieć, nie szukałem pożywki dla wyobraźni, na muzeum nawet mi nie zależało. Pieczeń z jelenia mogłem zjeść w wielu innych zajazdach, dobrego piwa też jest się gdzie w Niemczech napić. Więc po co?

Po nic. Było wspaniale.

* * *

Do pociągu wsiadł człowiek z wielką brodą, z wielkim brzuchem, z wielkim smutkiem i po trzydziestce. Wsiadł w zimowym płaszczu, miał też czarny melonik wbity głęboko na czoło, aż po oczy. Teraz siedzi, melonik zdjął, ma długie włosy, czyta na zmianę „Najwyższy Czas" i książkę po chińsku. W otwartej torbie pod nogami ma jeszcze jakiś tomik *Star Wars*, flet prosty oraz termos.

Za oknem deszcz, rzeki puchną, rozlewają się na pola.

* * *

Wraz z K.Ł. ułożyliśmy wczoraj pierwsze zdanie jego powieści akademickiej w stylu Johna B. Priestleya, która niechybnie kiedyś powstanie i będzie wspaniała:

„Profesor Kowalski może i był skończonym nudziarzem, ale brawurowo łączył to z byciem kompletnym idiotą".

* * *

Kupiłem ostatnio zdalnie *Wykłady z filozofii dziejów* Hegla, z powodów dość ekscentrycznych, o których zmilczę, bo się trochę wstydzę. Wydanie z 1958 roku, z przedmową Tadeusza Krońskiego, bardzo piękne: skromna, płócienna oprawa, elegancki papier, prawdziwy druk, nie offset, czcionka, skład… I pachnie jak książka. Dzisiaj się już tak książek nie wydaje. A już na pewno nie Hegla.

I Tygrys też już nie pisze przedmów.

Ale nie chcę tutaj pisać o Krońskim, o którym powiedziano już przecież wszystko, co było do powiedzenia, i nawet więcej jeszcze. Chcę napisać o czymś, co od Krońskiego wydaje mi się absolutnie odległe, od Krońskiego i Hegla razem wziętych, i jestem oczywiście w tym przekonaniu niesprawiedliwy, bo przecież oni także żyli poza książkami, ale trudno, czasem lubię być niesprawiedliwy.

Chcę napisać o pocztówce, której połowę włożył w drugi tom *Wykładów…* poprzedni właściciel albo czytelnik. Włożył tę część, na której zapisywało się kiedyś treść wiadomości. Części z adresem nie ma. Pocztówka jest bożonarodzeniowa i peerelowska, paskudne kolory i świeczka z plastiku na różowym tle. A z drugiej strony data, ale odcięta, i może to być rok 1980, a może i 1989, tego nie wiem.

Pisze kobieta do mężczyzny, rozpoczyna pieszczotliwym zdrobnieniem imienia, w wołaczu, i pisze dalej: „nie mogę przesłać Tobie żadnego prezentu, ale nie ma chwili, żebym nie była przy Tobie myślami. W wolnej sekundzie poczytaj René Chara *Wspólną obecność*. Pozostałam Twoja". I tu imię, zapisane tak manierycznie, że nie potrafię go odczytać. Żadnych nazwisk, nic więcej.

Myślę teraz dużo o tej anonimowej dla mnie pocztówce sprzed trzydziestu lat i o całej małej tajemnicy, która się za nią kryje. Nie może przysłać prezentu? Dlaczego nie? Z biedy? Czy nie może przysłać prezentu, bo w ich relacji, jej i adresata, minął już czas, w którym można było wysyłać prezenty? Dlaczego pisze to na otwartej pocztówce? A może wysłała w kopercie, aby ukryć treść przed kimś, przed matką, ojcem albo żoną adresata, a może to ona właśnie jest żoną adresata i dlatego wysyła otwartą pocztówkę, ale skoro tak, to dlaczego nie może wysłać prezentu i dlaczego nie może mu tych słów powiedzieć, dlaczego nie mieszkają razem, nie czytają razem tego Hegla lub Chara?

Dlaczego wreszcie — i to jest moje najmocniejsze „dlaczego?" — dlaczego „Pozostałam Twoja"? Nie „Na zawsze Twoja". Nie po prostu „Twoja". „Pozostałam Twoja" to jak „Ciągle jeszcze Twoja, wbrew wszystkim przeciwnym temu okolicznościom, które dobrze znasz". Jakie mogły być te okoliczności?

Mógłbym dalej mnożyć te pytania, mała tajemnica rozrasta się jak grzybnia, a może to wcale nie jest miłosna pocztówka, tylko przyjacielska, dlaczego ją zachował, a dlaczego odciął drugą połowę, może wtedy tak się robiło, że z pocztówek zachowywało się tylko tę połowę z wiadomością, nie wiem, miałem rok albo dziesięć lat, kiedy tę pocztówkę napisano, a sam wysyłałem pocztówki tylko z wakacji do rodziców. I dlaczego ukrył ją w Heglu, dlaczego sprzedał do antykwariatu, zakładki nie usunąwszy; skoro przeoczył, to może wcale nie była ważna, może to tylko zdawkowa uprzejmość była, może dawno zapomniał o niej i o jej Charze, a może jednak nie zapomniał, tylko umarł, i dzieci sprzedały bibliotekę razem z jego zakończonym życiem, a może kobieta, która to wysłała, też umarła? Może nie chciał spalić, wyrzucić, tylko pragnął, żeby ruszyło w świat te pół pocztówki i trzy zdania?

Nie sądzę, nic nie sądzę, tylko pytam, a po co pytam? Nie wiem. Nie jestem ciekaw odpowiedzi, jestem ciekaw tylko samych pytań, interesuje mnie to, co być mogło, a nie to, co rzeczywiście było. To, co było, jest krótkie i nieważne, było tak i tak, napisała, co napisała, wysłała, on odczytał, przeciął, schował do książki, koniec. Wszystkie zaś pytania, czyli to, co być mogło, to istota życia, cokolwiek w ogóle „życie" znaczy.

Chwytam się tego, tak jak zawsze chwytam się takich historii, od jednego przedmiotu rozszczepiających się na tysiące możliwości jak ramiona błyskawicy, bo czego innego mam się chwytać?

Kiedyś przez wiele tygodni obsesyjnie wymyślałem dziesiątki różnych dróg i trajektorii ołowianej kuli, wrośniętej w żywiczny pień modrzewia syberyjskiego. Do dzisiaj mam ją gdzieś w szufladzie. Wydłubał ją siekierą mój przyjaciel, podczas rąbania drewna na ognisko nad brzegiem spitsbergeńskiej zatoki Coles. Nie była pociskiem z takiego karabinu, jakie nosiliśmy ze sobą i jakie wszyscy tam noszą (bo niedźwiedzie) — była starą, ołowianą kulą wystrzeloną z berdanki, albo jeszcze starszą, i wbiła się w pień żywego drzewa, bo spłaszczoną od uderzenia przerastały modrzewiowe włókna na wylot, a więc wystrzelono ją jeszcze na Syberii, bo na Spitsbergenie drzewa nie rosną, i dziesiątki, i setki miałem tych różnych historii w głowie i tylko na jedno pytanie nie potrafiłem znaleźć odpowiedzi: dlaczego i po co mnie to obchodzi? Jeśli pojadę jeszcze na Syberię, to zabiorę tę kulę ze sobą i cisnę w jakieś krzaki, może znajdzie ją ktoś za miliardy lat, w czasach, w których rzeczy będą mówić, i kiedy odnajdzie, to uśmiechnie się na ten mój prosty żart.

A słowa z pocztówki? Tyle, ile dziś zmieściłoby się w miłosnym esemesie. Może Ona ciągle pozostała Jego? Nie jest, lecz pozostała. Może dzisiaj wysyłają sobie miłosne esemesy?

Chociaż jakoś wolę myśleć, że ślą sobie właśnie pocztówki, ciągle, jakby wyjęto ich z czasu.

On czyta Hegla, pali carmeny i palce mu od tych carmenów pożółkły, ma brodę i okulary, podobne do tych, jakie dziś nosi modna i kapryśna młodzież z warszawskich kawiarni.

Ona zaś wygląda jak Janda w *Człowieku z żelaza*, też pali bez przerwy i pisze długopisem pocztówki, i czyta Chara. I patrzy przez okno w przejmującym poczuciu potęgi historycznej konieczności.

I tak siedzą przy tandetnych biureczkach ze sklejki, na krzesłach pokrytych dermą, i piszą do siebie, i zawsze już tak będą pisać, bo nie wiedzą, że ich nigdy nie było.

* * *

Tomasz Gabiś napisał ostatnio, przy okazji interesującego tekstu o Izraelu, syjonizmie, lewicowym antysyjonizmie i innych sprawach: „Pragnę bardzo stanowczo oświadczyć, że nie utożsamiam się ani ze «sprawą palestyńską», ani ze «sprawą izraelską», bo z żadną «sprawą» się nie utożsamiam. Mam tylko kilka swoich własnych, małych spraw do załatwienia".

Bardzo mi się to spodobało, bo powzięły mi się kiedyś postanowienia, właśnie powzięły się, a nie ja je powziąłem: ufać tylko temu, co wewnętrznie sprzeczne, skandaliczne i absurdalne, a odrzucać to, co spójne. Być niekonsekwentnym, a czasem konsekwentnym. Zaprzeczać samemu sobie i w ogóle oddać się w pacht chaosowi, odjąć rzeczywistości i życiu tłumaczące je filtry i formuły i próbować patrzeć tak, jak mógłby patrzeć ociemniały od urodzenia, któremu nagle przywrócono wzrok. Nie rozumieć, nie widzieć, tylko patrzeć. Tak się oczywiście nie da, ale próbować warto. I w efekcie ja również utożsamiam się wyłącznie z moimi własnymi, małymi sprawami, które oczywiście wcale nie są sprawami, z którymi utożsamia się Gabiś, bo jego są jego, a moje są moje.

Trochę więc za Gabisiem, ale bardziej w zgodzie z własnym sercem, nie troszczę się o nic wielkiego. Wbrew dziedzictwu obywatelskich cnót z grecko-rzymskiej starożytności, wbrew oświeceniowym ideałom republikańskim, wbrew postępowej trosce o społeczeństwo, wbrew konserwatywnej odpowiedzialności za wspólnotę, wbrew narodowej trosce o naród, wbrew lewicowej trosce o wykluczonych, wbrew kapitalistycznej trosce o deficyt budżetowy, stabilną walutę, czy o co tam jeszcze troszczą się lichwiarze, zwani potocznie bankowcami.

I nie jest to nieracjonalny bunt dziecinnie naiwnego artysty przeciwko sprawom świata tego. Nie jestem ani dziecinny, ani naiwny i nie obrażam się na świat, bo obrazić się na świat wypada, kiedy się ma piętnaście lat, ale nie później, a ja już jestem sporo później. Nie jest to też postawa niewrażliwego otępienia. Wrażliwość mam, jak sądzę, niemałą, potrzebna mi zawodowo jak koszykarzowi wzrost, ale jest to wrażliwość termometru; czyż termometr utożsamia się z tymi, co cierpią od mrozu czy skwaru? Nie jest to też bezmyślna gnuśność — tylko jakaś próba racjonalnej analizy rzeczywistości i wyznaczenia rozsądnego stosunku wobec tejże.

I z tej mojej racjonalnej analizy wynika co następuje: otóż uważam, że nic się nie zmienia. Chętnie ulegamy pozorom, bo nikt nas tak nie oszuka, jak się sami oszukamy, jak twierdzi Książę Aforystów, a to jest przyjemne samokłamstwo myśleć, że coś się zmienia. Że dziś jest inaczej, niż było pięćset, tysiąc albo dwa i pół tysiąca lat temu.

Ja zaś sądzę, że zawsze jest tak samo. Sądzę, że zewnętrzne różnice są przygodne, istota zaś tego, co międzyludzkie, nie zmienia się nigdy. Że być władanym i władać znaczy zawsze tyle samo. Że tym samym jest przemoc, namiętność, gniew i chciwość, że ludzie są tacy sami i wszystko inne.

I nie zmienia się przede wszystkim to, że ludzie — zarówno rządzący, jak i rządzeni — są tak samo bezsilni wobec bezimiennej, rozmytej potęgi, jaką ma dynamika społecznych procesów, dynamika geopolityki i wielka, straszna siła tłumu — nie tej idącej ramię w ramię ulicami zrewoltowanej hordy, jak zwykle za Le Bonem zwykliśmy sobie tłum wyobrażać, lecz liczby, masy, miąższości ludzkiej populacji. Wierzę, wbrew socjologom, że anomia nie jest dziedzictwem nowoczesności, wierzę, że anomia jest wiecznym składnikiem ludzkiej kondycji, i uważam, że ogromną, bezgłową potęgą są te anomiczne miliony ludzi oddzielonych od siebie ścianami mieszkań i domów i społecznymi konwenansami, a ich potęga jest ludzka i ponadludzka jednocześnie i nikt z nią nie może się mierzyć, i ja też nie zamierzam.

Nie zamierzam więc walczyć z tą potęgą samej istoty władzy, płynącej zawsze z ludu w górę, wbrew temu, co twierdzą konserwatyści, zawsze to władani pozwalają władającym władać sobą, nie każdy z osobna, tylko jako bezosobowa masa pozwalają. Nie zamierzam więc walczyć z tą potęgą, ale nie zamierzam też utożsamiać się z jej sprawami, jakiekolwiek by były, nie zamierzam utożsamiać się z narodem, z klasą społeczną, z wykluczonymi lub wykluczającymi, z kapitałem lub z tymi, co z nim walczą. Ta straszna siła włada mną, moim ciałem tak samo, jak każdym innym — nie zamierzam jednak oddać jej we władanie swojego wnętrza. W jakimś stopniu wszyscy jesteśmy niewolnikami, gdy płacimy podatek, gdy czytamy książkę czy gdy zatrzymujemy się na czerwonym świetle, ale to jest zewnętrzna niewola. Jeśli wewnętrznie, duchowo (nie wstydzę się tego słowa, bo nie jestem pawianem) utożsamiać będziemy się tylko ze swoimi własnymi, małymi sprawami, to wewnątrz pozostaniemy wolni, chociażby nas za ten podatek, książkę, czerwone światło albo Ojczyznę zabito.

Bardamu z *Podróży do kresu nocy* Céline'a woli wyrzec się amerykańskiego ciała Loli (a przy okazji i na marginesie: Dlaczego one nazywają się zawsze Lola, Lala — i tak dalej? Jaka jest moc tego imienia? Jak to dobrze, że spotyka się je raczej tylko w książkach...), niż przyznać, że bardzo mu odpowiada perspektywa śmierci za Ojczyznę, i to za darmo! Kiedyś przynajmniej żołnierze dawali się zabijać za pieniądze albo dla króla, jak mówi potem w swoim kazaniu mądry szaleniec Princhard, a nie w imię hipostaz, których nikt na oczy nie widział. Zdaje się, swoją drogą, że dziś zmieniło się to na lepsze (bo coś tam się jednak trochę tam i ówdzie zmienia) i kiedy ktoś zostaje żołnierzem i jedzie walczyć gdzieś do Azji, to robi to z rozsądnych pobudek: jest żołnierzem, więc chce walczyć, chce, aby mu za to płacono, pożąda wojennych podniet. I z takich pobudek warto może na wojnę pojechać, ale przecież nikt o zdrowych zmysłach nie da się zabić „za demokrację", i to jest przewaga demokracji nad Ojczyzną i Narodem —

trudniej uwierzyć w jej kłamstwa, Naród i Ojczyzna są bardziej namacalne, więc łatwo można dać się zwieść, że istnieją, zaś demokracja przejawia się w sposób nieokreślony, a przy tym zwykle tak odrażający, że za nią nikt chętnie karku nadstawiał nie będzie. Chociaż ja zwykle nie doceniam potęgi głupoty, więc może ktoś jednak chciałby, może ktoś tam w te bzdury z gatunku „wojny o pokój i demokrację" wierzy. Krzyżyk mu na drogę.

Cesarzowie, królowie, premierzy, posłowie, celebryci, sędziowie, policjanci i partyzanci, żołnierze i lamowie, i księża, i profesorowie, działacze, związkowcy, dziennikarze, pornografowie i pisarze, i filmowcy, rewolucjoniści i kontrrewolucjoniści, tyrani i dobrotliwi ojcowie narodów — wszyscy oni mogą nami władać i ktoś nami zawsze władać będzie, jak stwierdził już dawno temu mądry Sabaudczyk, zawsze bez wątpienia człowiek będzie rządzony, oszukiwać się co do tego, to popadać w niewolę jeszcze głębszą, w niewolę głupoty. Nie możemy liczyć na pełną niepodległość — tym bardziej powinniśmy być wewnętrznie autonomiczni. Skoro każą mi płacić podatki, to będę płacił je tylko dlatego, że niepłaceniem można sobie narobić kłopotów, a kłopoty to większa jeszcze niewola niż podatki, nie będę jednak płacił ich w poczuciu „spełnienia obywatelskiego obowiązku", bo władają moim zewnętrzem, ale moje wnętrze jest autonomiczne, nie oddam nikomu w pacht swojego sumienia, woli, myśli i uczuć. Nie będę się cieszył z ich sukcesów ani smucił się ich porażkami — ani na odwrót, nie będę radował się z ich klęsk, bo ci bezimienni, nieludzcy Oni przecież nie są moimi wrogami, są tylko tymi, co władają — a może raczej nawet Tym, Co Włada. Warto ich rozumieć, można dla nich pracować, jak Manuel Venator w kazbie Kondora z *Eumeswil*, ale nie należy przyjmować ich perspektywy jako własnej ani ich pragnień i niechęci jako własnych, należy po prostu pamiętać, że naprawdę ważne są tylko nasze własne, małe sprawy. Trzeba być zawsze osobnym.

Sprawy naszych przyjaciół, naszych kobiet, naszych rodziców i naszych dzieci, sprawy, z którymi należy się utożsamiać — chętnie się powtarzam tutaj — to nieustająca praca nad tym, jak przyrządzić dobre sało do wódki albo dobry rosół, albo dobre penne arrabiata czy co kto tam woli, filet mignon, humus, dal czy cokolwiek, to bardzo ważne, ważniejsze od demokracji, Ojczyzny czy innych spraw, które udają, że są czymś więcej niż tylko dekoracjami, przykrywającymi wieczną i niezmienną relację rządzących i rządzonych. Lepiej utożsamiać się z którąś stroną w sporze o to, kiedy wino pić ze szklanki, a kiedy z kieliszka, niż być prawicowcem albo lewicowcem. Warto spierać się, czy lepszy krawat, czy skórzana kurtka, a nie warto o to, czy podatki lepsze niższe czy wyższe — jeśli do obowiązków należy, to ewentualnie spierać się o to można, byle bez zaangażowania. Warto pieczołowicie gromadzić sprawdzone recepty na kaca, a nie warto oddawać swojego wnętrza w pacht receptom na wzmocnienie klasy średniej czy walkę z wykluczeniem. Warto przekonywać przyjaciół, by ciepłymi wieczorami siadywali z nami przy stolikach pod gołym niebem, warto palić papierosy, śmiejąc się w nos wszystkim, co tchórzliwie boją się śmierci i chorób (jakby zamierzali żyć wiecznie), warto czytać wielkie powieści, warto pisać, warto zarabiać pieniądze i je wydawać, warto kochać to, co obejmuje się wzrokiem, wyszedłszy na wzgórze, a reszta to niepotrzebne hipostazy, symulakra i zupełnie zwykłe kłamstwa.

* * *

Z Witem Szostakiem na *Kosmos* do Gardzienic, samochodem przez pół Polski. Polska brzydka jak zwykle. W Lublinie grasica, nawet lepsza niż w Zazie, z konfiturą z cebuli. Potem do samych Gardzienic, gdzie najpierw stary film z *Metamorfozami*, potem niezwykła charyzma Staniewskiego, potem *Ifigenia w A.*, po raz drugi widziana, wspaniała, wstrząsająca. *Ifigenia w T.* niezrozumiała. Licealna młodzież z Warszawy zwieziona autokarem odrażająca i hałaśliwa. Rozmowa ze Staniewskim interesująca i zabawna. Następnie z powrotem do Lublina, tatar, dunkele i stouty w knajpie, potem sobranie w drodze do hotelu. Rano do domu. W Zwoleniu kupiliśmy jabłka.

* * *

W *Eumeswil* Jünger pisze, że kołowa koncepcja czasu jest ostatnią pociechą konserwatysty, który stracił wszelką nadzieję polityczną czy religijną. Czyli, dodajmy, każdego konserwatysty, który potrafi widzieć i myśleć, a nie tylko czytać z rozdziawioną z wrażenia buzią i pokrzykiwać wiecowe slogany, i — co najgorsze — działać.

„Działacz" jest uniwersalnym typem charakterologicznym, działacze o przeciwnych zwrotach ideologicznych nie różnią się od siebie niczym, są jak mijające się lokomotywy, ciągną swoje brzemiona w przeciwnych kierunkach. Czasem się zderzają, jak lokomotywy i z podobnym skutkiem.

R.L. na marginesie innych, o wiele ważniejszych spraw, napisała mi po buddyjsku, że od działania należy się powstrzymać, że należy raczej medytować, bo tym można zmienić o wiele więcej. Nie jestem pewien, czy powstrzymywać się należy z intencją, aby coś zmienić. Myślę, że medytować należy raczej nad tym, że nic się nie zmienia. Dzień nie zmienia się w noc, dzień i noc po prostu są, to tylko my podróżujemy z dnia w noc i z nocy w dzień.

Jünger powtarza za Davilą, że dla takiego konserwatysty, który stracił już wszelką nadzieję, tysiąclecia to drobniaki: „Konserwatysta stawia na kosmiczne cykle. Któregoś dnia pojawi się Paraklet; cesarz Fryderyk Barbarossa zbudzi się ze swojego zaczarowanego snu i wyjdzie z góry".

Jednak, twierdzi Jünger, doczesność nawet bogów przymusza do codziennego znoju, dlatego nie może być Wiecznego Powrotu, raczej Powrót Wieczności, w którym czas zostanie pojmany.

Idea Wiecznego Powrotu jest ideą ryby, która wyskakuje z patelni — prosto na rozgrzaną płytę pieca.

Myślę o tym, patrząc, jak wszystko się powtarza. Magowie czytają znaki. Szamani widzą oczyma zwierząt: zły i obcy tyran rozgniewał naszych bogów. Kapłani twierdzą, że kosmiczna równowaga została naruszona i wymaga działania. Wojownicy Wielkiego Plemienia, osiadłego na obu brzegach Atlantyku, ruszą do walki.

Ale może nie ruszą, może ostatnie auspicja się nie powiodą. Kruk zakracze po złej stronie augura.

Orzeł albo sęp polecą nie tak, jak trzeba. Kurczęta wypuszczone do zagrody inaczej jeść będą ziarno i okaże się, że bogowie jakoś uśmierzyli swój gniew — tyran już nie dręczy niewinnych, kosmos sam powrócił do równowagi, wojownicy, zawiedzeni, powrócą do swoich domów.

W Wiecznym Powrocie, w Uroborosie, nie należy szukać pociechy, bo cóż to za pociecha? Powrócili tytani, żyjemy w Kalijudze. Ale właśnie: powrócili. Już tu byli kiedyś, nie są tutaj po raz pierwszy. Wraz z powrotem tytanów cywilizacja ulega atrofii, zamiera — w naszej podróży dotarliśmy do kresu dnia, teraz podróżować będziemy nocą. Potem wejdziemy w dzień (to nie dzień nadejdzie, to my weń wejdziemy), a potem znowu w noc.

„Dla anarchy flagi mają znaczenie, ale nie sens — pisze Jünger. — Widziałem je wzniesione i opadłe, jak liście w maju i liście w listopadzie i widziałem je takimi w czasach mi współczesnych, nie tylko jako historyk".

Jesień przyjdzie również dla sztandarów, w których cieniu żyjemy. Być może jutro, być może za tysiąc lat, ale przyjdzie. Dla wszystkich. Pokora, której potrzeba, aby to uznać, jest pokorą wymagającą siły; trzeba zadać sobie gwałt, aby zrozumieć, że postać świata przemija zawsze. Aby powrócić i znów przeminąć, i znów powrócić. Dlatego czas jest zawsze krótki i zawsze ostateczny, i pierwszy.

* * *

Parę miesięcy temu na Ursynowie widziałem białą srokę. Te pióra, które zwykle u srok są opalizująco czarne, u niej były jak mleko z odrobiną kawy, reszta biała, jasny dziób i łapy. Mogłaby być posłańcem, który z rozkoszą niesie złe wiadomości, ale zapewne była tylko albinotyczną sroką. Sroki odgryzają głowy jaskółkom, które nie potrafią jeszcze latać, a wypadły z gniazda, i to też nie oznacza niczego, chyba że jednak coś oznacza.

W nocy budzę się bez oddechu. W potwornej panice zrywam się z łóżka, próbuję złapać powietrze — i nic, jakbym był pod wodą. Rzężę, charczę, żadnych myśli, tylko przerażenie i brak powietrza w płucach. Nie ma we mnie nic człowieczego, jestem zwierzęciem, które się dusi. Mija wieczność, jakieś dziesięć sekund — i oddech wraca, jakby nigdy mnie nie opuścił. Do rana już nie zasnę, bo jestem człowiekiem, który się boi.

* * *

Obok kościoła Wszystkich Świętych leżał trup i wróciło do mnie przerażające, irracjonalne przekonanie, że najpierw różne sprawy wymyślam i je piszę, a potem mi się przydarzają.

Od pewnego czasu żyję taką wizją fizycznego, fizjologicznego wrośnięcia w ziemię, gdzie się urodziłem i gdzie urodzili się wszyscy, z których ja się urodziłem. Przyśniło mi się to i już zostało ze mną. Kiedy idę rano po bułki, to depczę po kościach, i to są moje własne kości, bo kości moich przodków są moje. Krew w moich żyłach jest tą samą wodą, która płynie pod powierzchnią ziemi, ciała moich przodków krążą w moich żyłach i ja, kiedy już umrę i zapadnę się pod ziemię, to żył będę dalej, tak jak oni żyją — w drzewach, spływał będę na ziemię w deszczu i krążył w żyłach moich synów, będę osadzał się zielonym nalotem na brązie gliwickich rzeźb i na dachach kościołów. Nawet nie wyobrażam sobie, jak to jest być z daleka, umiem być tylko stąd. Nie potrafię nawet powiedzieć, czy tą wizją żyję, czy raczej jestem przez nią prześladowany, w każdym razie wydaje mi się czymś więcej niż metaforą; jakby była oknem, judaszem może raczej, przez który mogę podejrzeć, co jest za zasłoną czasu, za pierwszą warstwą rzeczywistości.

A teraz ten trup obok kościoła Wszystkich Świętych. Brałem w tym kościele ślub, a teraz obok gotyckich murów leży sobie szkielet dziecka. Prezydent postanowił wymienić nawierzchnię na starym mieście i robotnicy odsłonili cmentarz. Nie wiem, czy średniowieczny — dziadek wiele razy opowiadał mi o średniowiecznych masowych pochówkach dzieci pod Wszystkimi Świętymi, które podobno przed wojną odkryto, ale nie umiem tej historii zweryfikować — może z XVIII wieku, jest w każdym razie stary i dziecięcy, i jest mój. To są moje kości. Mojego brata albo mojej siostry. I nie tylko ze względu na jakieś ogólnoludzkie braterstwo, tylko dlatego, że to są kości, które wyszły z mojej ziemi. Teraz grzebią tam archeologowie.

I oczywiście zaraz buduję sobie na tym nieuzasadnioną pychę: „To moje kości, a nie wasze!", chciałbym mówić do dzisiejszych gliwiczan, którzy zastąpili gliwiczan prawdziwych w drugiej połowie lat czterdziestych. A to przecież głupie i niesprawiedliwe, bo ani moją zasługą, ani ich winą jest to, że ja żyję tu, gdzie moi przodkowie żyli od tak dawna, jak można tylko sięgnąć dokumentami, a ich dziadków, pradziadków, rodziców wygnano skądś albo sami przyjechali w poszukiwaniu nowego życia. Nie ma więc z czego być dumnym.

Ale jest za co być wdzięcznym. Może kiedyś zmienię zdanie, a nawet na pewno kiedyś zmienię zdanie, bo moje życie intelektualne polega na nieustannej dynamice i cyklicznych przewartościowaniach, teraz jednak jestem przekonany, że wielką łaską jest żyć na kościach swoich przodków. Tylko nie wiem dlaczego.

* * *

Wieczór był ciepły i wszystko było tak, jak być powinno: ktoś szedł do pracy na nocną zmianę, jakaś szalona kobieta pozbawiona wieku ciągnęła ogromną walizkę, na pasku przez ramię miała dużą piersiówkę, czy może manierkę w skórzanej uprzęży, odziana była w powłóczyste czarne suknie, patrzyła we własne stopy i posykiwała, jakby uciszała niewidzialne i niesłyszalne dziecko. Zmęczeni rodzice wracali z niedzielnych spacerów z przysypiającą w wózkach progeniturą, zmęczeni menele mamrotali coś ku chodnikowi, ci szczęśliwsi — menele i ojcowie — ściskali puszki z piwem. Młode dziewczęta, paplając przez komórki, spieszyły gdzieś stać się kobietami. Na jednej ulicy stary asfalt. Na kolejnej nowa kostka. Na kolejnej — piasek, bo zdarli stary asfalt, a nową kostkę dopiero kładą. Pod ulicami podziemne, tajemne życie, o którym cokolwiek by napisać, to zawsze albo głupio, albo źle. Ale jest tam, jest.

Dotarłem na rynek, na rynku tarło. Wspaniały koniec wakacji, dziewczęta i chłopcy przechadzają się grupkami, tańcują wkoło siebie, bez słów ustalają obowiązujące rankingi; obsiedli fontannę i ławki, w knajpianych ogródkach siedzą starsi, bieglejsi w tym godowym rytuale, mają dowód i stać ich na piwo.

Nie podobają mi się, drażnią mnie, głównie z winy paru najbardziej rozwydrzonych i pijanych, chłopcy cherlawi, pannice wulgarne, więc uciekłem z powrotem w uliczki starego miasta, zapomniał wół, zapomniał, chociaż to niedawno było, piętnaście lat temu: żubrówka pita z jedną taką dziewczyną pod ruinami teatru, spotkajmy się pod Neptunem, nie przyszła, nie przyszedł, dzwoniła do ciebie?, albo szeptanie, ławka w parku, nie zadzwoniła, dała numer, ale podarłem, inna paliła caro i trochę jakby całować popielniczkę, ale bardziej upojnie, jej oddech, papierosy i wódka, pamiętam, jak pachniała, a nie pamiętam imienia, letnie niebo z balkonu, bloki na Sikorniku, ćwiartka wódki na głowę w cinquecento pod blokiem na dobry, bajkowy nastrój przed imprezą, a potem świat ucieka, albo my przed światem raczej.

Dzięki Bogu, dogonił nas.

Szedłem i rozmyślałem, czy w jednej takiej fajnej knajpie nie wypić piwa, bo mają dobre. Będzie trochę ludzi, siądę sobie przy barze, poproszę raciborskie, dostanę gruby, pękaty kufelek, posiedzę kwadrans sam z tym pękatym kufelkiem, z nikim nie rozmawiając, trochę w kącie schowany, a trochę ostentacyjny, bo niezbyt dopasowany do otoczenia, dziesięć lat za stary, odziany nie tak, i nawet czasem to lubię, przez chwilę tak nie pasować, potem zapłacę i pójdę. Knajpa jednak okazała się prawie pusta — przy barze stało tylko dwóch brodatych gości i kłócili się o coś, wrzeszczeli na siebie, jakby się bali dać sobie po mordach. Wiedziałem, że nie mogę wedrzeć się w taką intymność, poszedłem więc dalej bez żalu.

Wczoraj w nocy sen: brzeg jeziora porosły sosnowym lasem. Nad jeziorem, nad wodą gigantyczne kowadło cumulonimbusa. Mój starszy syn bawi się w piasku. Długie, prawie białe włosy, takie ma też na jawie, a w tym śnie myślę, że wygląda jak Alinoë z najstraszniejszego *Thorgala*. Nagle jezioro wstaje, spiętrza się w ogromną falę i pędzi ku naszemu brzegowi. Biegnę po syna, ale wiem, że nie zdążę.

— Nie martw się, tato, ja umiem oddychać pod wodą — mówi Alinoë.

* * *

Jesteśmy szczelni, zamknięci w czaszce i skórze. Mogę uwierzyć mistykowi, że potrafi się wyzwolić, rozpuszczając się w Bogu, ale nie uwierzę nikomu, kto twierdzi, że rozpuścił się w drugim człowieku.

Można się spotkać, bardzo blisko: w przyjaźni, w miłości i w seksie, w nienawiści, w przelotnym spotkaniu z anonimowym przechodniem, z którym wymienia się uśmiech, albo z innym, którego trzeba uderzyć pięścią w twarz. Ale spotkanie

nie przebija się przez tę szczelność ludzką, nawet kiedy otwierają się oczy i widzą bliźniego swego, nawet kiedy otwieramy usta do pocałunku albo do przekleństwa, nawet kiedy obnaża się ciało, nawet kiedy podajemy dłoń synowi albo ramię matce, nawet kiedy pęka skóra pod pięścią albo nożem, nawet kiedy rodzi się dziecko. Nigdy.

* * *

Niczym gnostyk po kolejnym wtajemniczeniu żyję i zawsze żyłem w przekonaniu, że jeszcze niedawno byłem bardzo głupi. Kiedy miałem osiemnaście lat, wspominałem z politowaniem siebie piętnastoletniego. Osiemnastoletni wydawałem się głupcem sobie dwudziestoletniemu i teraz też wiem, że jako dwudziestoparolatek byłem durniem.

A jednocześnie do dziś nie udało mi się z tego wyciągnąć wniosków co do teraźniejszości. Chociaż diagnoza nasuwa się sama, to jednak bronię się przed nią bardzo skutecznie i dziwię się, jakim cudem ten idiota sprzed paru lat tak szybko stał się kimś mądrym i tak niezwykle przenikliwym, jakim zwykle jawię się sobie samemu na co dzień.

Poza nadchodzącymi co jakiś czas krótkimi uderzeniami gorących fal wstydu.

Wydaje mi się, że wszyscy jesteśmy właśnie tacy, jakimi wydajemy się sobie wtedy, kiedy się za siebie wstydzimy. To we wstydzie za siebie widzimy się naprawdę.

* * *

Dzisiaj we śnie jestem w niezwykle wysokim wieżowcu, który jest hotelem, gdzieś w Nowym Jorku chyba, i chowam się tam przed jakimś moim anonimowym wrogiem. Widzę go, jak szuka mnie w kolejnych luksusowych pokojach, w jasnych korytarzach. Ma długie, ciemne włosy i brodę, i twarz z jakiegoś filmu chyba, nie jest zbyt rosły, ale krępy i silny. Wiem, że powinienem się go bać, że nie mam z nim szans w bezpośredniej konfrontacji. Jednak się nie boję. Zamiast uciekać, kryć się — czekam. W końcu mnie znajduje i bez słowa wstępu zaczynamy walczyć, nie na pięści, tylko zwieramy się ramionami, jak greccy zapaśnicy. Wiem, że przegram, jeśli szybko czegoś nie wymyślę: ustępuję mu nagle, mój wróg wylatuje przez szybę i spada, ja jednak lecę za nim.

Spadając, podziwiam wspaniałą, barokową fasadę hotelu wieżowca i życie, które dzieje się za rozświetlonymi oknami, sceny, w których rozpoznaję moich znajomych i przyjaciół: ktoś je obiad, ktoś umiera, ktoś uprawia seks, ktoś płacze, ktoś pije wino, rodzi się dziecko, ktoś się kłóci, ktoś śpi. Wiem jednak, że to nie jest naprawdę, wiem, że to tylko pokaz, żywe obrazy, specjalnie dla mnie, na okoliczność tego spadania. Kątem oka dostrzegam, że kiedy już, spadając, minę ich okno — zaraz obojętnieją, przerywają te symulowane czynności i wychodzą z pokojów, wracają do prawdziwego życia.

W końcu ląduję na okrągłym balkonie, gdzieś w połowie barokowego wieżowca. Uderzenie jest mocne, ale nic złego mi się nie stało. Mój wróg już nie jest moim wrogiem, podczas spadania stał się niedźwiedziem, wielkim, brunatnym niedźwiedziem. Jest mi życzliwy.

— Musisz już iść — mówi niewyraźnie, bo przecież jest niedźwiedziem. — Czekają na ciebie.

Spycha mnie potężną łapą, a ja spadam jeszcze chwilę, ale całkowicie panuję nad tym spadaniem, i w końcu sprężyście ląduję wewnątrz wielkiej sali, o której wiem, że jest szpitalem dla psychicznie chorych.

Obsługa uciekła — pacjenci płci obojga biegają w kółko, zupełnie nadzy i tak biegając, przygotowują się do jakiejś apokaliptycznej orgii. Biegając, upodobniają się do siebie, cechy płciowe przechodzą z jednych na drugich, mężczyźni stają się podobni do kobiet i na odwrót i wszystkim zacierają się twarze. Co jakiś czas ktoś próbuje zerwać ze mnie ubranie.

— Proszę mi wybaczyć, ale ja nie jestem wariatem, jestem tutaj tylko gościem — protestuję stanowczo.

Wtedy grzecznie przepraszają i wracają do swojego biegania. Przechadzam się po szpitalu ze świadomością, że muszę patrzeć, nawet jeśli nie mam ochoty, muszę patrzeć, żeby potem to opisać. Spośród biegających co chwila ktoś kładzie się w jakimś zakamarku i tam dołączają do niego następni, i zaczynają kopulować, nieudolnie i zaciekle. Przyglądam się tej dziwnej orgii zupełnie obojętnie, bez fascynacji i bez odrazy. Kopulujący zaczynają się nawzajem kąsać i wyrywać sobie kawałki ciała. Ludzie zjadają się tutaj nawzajem. Nigdzie nie ma ani kropli krwi — wszystkie ciała są bezkrwiste i miękkie, łatwo poddają się zębom i paznokciom.

Przede mną staje lekarz w białym fartuchu.

— Musimy to wszystko spalić. Oni zwariowali — mówi, zaaferowany.

— Przecież to jest szpital psychiatryczny — dziwię się.

— No właśnie. Jak to być może, żeby pacjenci w szpitalu psychiatrycznym wszyscy nagle zwariowali? Tego nie można tak zostawić.

W ręce ma kanister z benzyną i zaczyna rozchlapywać ją po salach. W zakamarkach nikt już się nie rusza. Zaglądam — w ogóle nikogo już nie ma poza mną i lekarzem.

— Co się stało z pacjentami? — pytam doktora, zdziwiony.

— Zjedli się nawzajem.

No tak, to jasne. Żegnamy się uprzejmie, wychodzę ze szpitala. Pada. Szpital już płonie, ogień pięknie odbija się w kałużach. Lekarz ma twarz Łukasza Orbitowskiego, podniecony podskakuje na chodniku, pali papierosa i z fascynacją patrzy w płomienie.

— Huhu! — wykrzykuje co chwila. — Ale się pali! Huhuhu!

Wiem, że muszę już iść, bo z nieba zaczynają lecieć wielkie płaty sadzy, mam na sobie ulubiony garnitur z szarej flaneli i nie chcę go powalać, bo jest święto i wszystkie pralnie są zamknięte. Żegnam się z Łukaszem, który już nie jest lekarzem, ale dalej cieszy się z pożaru, i idę.

Nie pamiętam, gdzie zaparkowałem samochód, więc idę przez Warszawę wściekły i dzwonię do kumpli, do żony, do rodziców, w końcu zaczynam dzwonić po kolei do wszystkich z książki adresowej, ktoś musi wiedzieć, gdzie zaparkowałem. Ale nikt nie odbiera, a kiedy idę tak w deszczu, zły, że marynarka mi przemoknie, i telefonuję pod kolejne numery, to odzywają się dzwonki w budkach telefonicznych, którymi gęsto usiana jest ulica.

Przemokłem już zupełnie, ale nie jest mi zimno. Krawat zaczyna się rozpuszczać, cały gors koszuli i spodnie mam granatowe, jakbym oblał się atramentem, jestem wściekły, idę dalej, zawstydzony, że krawat mi się rozpuścił. Nie wiedziałem, że krawaty się rozpuszczają.

Nagle znajduję samochód: przecież zaparkowałem na placu Konstytucji, jak mogłem zapomnieć. Stoi mój jeep, stoi nissan mojego taty, corsa mojej mamy, obok jeszcze wielki pathfinder M., forester K., hondy moich sióstr. Jaka ulga. Gdyby okazało się, że opony przykleiły mi się do tych wielkich, kamiennych płyt, to M. albo K. mnie wyszarpią. Grzebię po kieszeniach: nie mam kluczyków, do żadnego z samochodów nie mam kluczyków, nie tylko do swojego. Nagle sobie przypominam: wszystkie wypadły mi z kieszeni, kiedy walczyłem, zostały w hotelu.

— Noż kurrrrrwa mać! — warczę.

Przekleństwo mnie budzi. Jest jeszcze ciemno. Za oknem pada. Wiem, że to wszystko mi się tylko śniło, uśmiecham się do siebie na myśl o tym, jak bardzo to było dziwaczne, ale ciągle jestem zmartwiony, że auto zostało w Warszawie, a ja zgubiłem kluczyki. Wstaję ospały, słyszę, że mój syn popłakuje przez sen. Przykrywam go kołderką, uspokaja się, idę do kuchni napić się wody i dopiero wtedy granica między snem a jawą staje się ostra i wyraźna.

* * *

Historia ta dzieje się w roku 1927, na Górnym Śląsku, w dużej, podmiejskiej wsi, która od pięciu lat leży w Polsce, w powiecie rybnickim. W domach z czerwonej cegły mieszkają głównie górnicy, rolników jest niewielu. Kilka lat wcześniej wieś spłynęła krwią, albo raczej dwiema osobnymi krwiami, w sposób, który dziś kojarzy się raczej z wojnami domowymi na Bałkanach. Kiedy dzieje się moja historia, krew już nie płynie. Popłynie za dwanaście, a potem znowu za pięć lat, przy czym za tym ostatnim razem obie krwie po raz pierwszy płynąć będą zmieszane, wcześniej płynęły osobno, raz jedna, raz druga.

We wsi pracuje nauczycielka, młoda i pełna zapału. Przyjechała z Polski, nie wiem skąd, ale chyba z Galicji.

Myślę, że potrafię pisać o niej bez resentymentu. Jest idealistką i to, jak oddana pozostaje swoim ideom, świadczy o jej szlachetności. Nie wiem, czy wierzy Piłsudskiemu, czy Dmowskiemu, może jest socjalistką, która nie wysiadła z czerwonego tramwaju. To oczywiście ważne, jak wszystko, ale nie dla tej historii. Wiem, albo raczej mam graniczące z pewnością przekonanie, że nauczycielka wierzy w Polskę, tak jak ludzie czasem wierzą w Boga, w miłość albo w pustkę. I to jest ważne.

Przyjechała na egzotyczny Śląsk, by uczyć polskości i polskiej kultury wysokiej. Śląskie dzieci swojej wysokiej kultury przecież nie miały, mogły oddychać frazą Goethego albo Mickiewicza, innych możliwości nie było. Piszę to z żalem, ale bez sarkazmu, bo to prawda. Po drugiej stronie granicy podobne Kulturträgerin przynosiły swoją kulturę wysoką, z Wrocławia albo z Berlina, również pełne szlachetnego zapału.

Polską nauczycielkę znam z różnych relacji i z jednego zdjęcia. Stoi na nim z dziećmi z pierwszej klasy szkoły powszechnej. Ma około dwudziestu lat, skromną sukienkę, spięte włosy i wielkie okulary. Pięknością nie jest. Piękności raczej nie zostawały wtedy nauczycielkami. Śląskie dzieci ubrane są dostatnio, wielki kryzys jeszcze przed nimi, wszystkie mają porządne ubranka, dobre buciki. Włosy chłopców przycięte w śmieszne rąbki na czole.

Jeden z tych chłopców ma na imię Jorg. Ma siedem lat, urodził się więc na Śląsku płynnym, płonącym, wspólnym i niczyim jednocześnie. W jego akcie urodzenia wpisano imię „Georg", w akcie chrztu „Jerzy" albo na odwrót, nie wiem. Mógłbym się dowiedzieć, ale to nieważne.

Nauczycielka pewnego razu pyta go: „Jak masz na imię?". Chłopiec mówi, że Jorg. Nauczycielka ponawia pytanie, chłopiec po raz drugi odpowiada tak samo. Nauczycielka każe mu wyciągnąć ręce, bije go po dłoniach linijką i pyta ponownie. Chłopiec nie wie, za co został ukarany, ale kara cielesna nie wydaje mu się czymś niezwykłym. Znów odpowiada, że ma na imię Jorg. Nauczycielka znowu bije.

Nie chcę, aby to brzmiało jak historia martyrologiczna. To żadne męczeństwo, myśleć o tym laniu linijką jak o zbrodni byłoby anachronizmem. W szkołach wtedy bito po łapach i jeszcze wiele lat później też. Nie o to w tej historii chodzi. Nauczycielka nie była sadystką, którą cieszyć mogłoby krzywdzenie dzieci. Do końca życia cieszyła się szacunkiem, a pracowała w szkole jeszcze czterdzieści lat później. Szacunek ten wynikał z jej osobistych przymiotów, ale również z tego, że nauczyciel był dla Ślązaków figurą władzy, podobnie jak ksiądz i urzędnik, zaś jego kulturowa obcość była oczywista — tutaj nowa kulturowa obcość zastąpiła poprzednią.

Wracam do sceny w klasie, w szkole z wiśniowej klinkierowej cegły. Chłopiec dalej nie wie, za co jest karany. Pytanie, odpowiedź i cios linijką powtarzają się kilka razy. Nie wiem, czy w końcu sam domyśla się, o co chodzi, czy ktoś mu podpowiada — lecz w końcu mówi, że nazywa się Jurek, chociaż nigdy tak o sobie nie myślał i nikt się doń tak nie zwracał.

— Teraz już będziesz wiedział — mówi nauczycielka. Albo coś podobnego, nie wiem, co powiedziała, kara jednak musiała znaleźć swoją puentę, więc zakładam, że ta puenta mogła brzmieć właśnie tak.

Czy chłopiec teraz już wie? I co wie?

Wydaje mi się, że dziecko utożsamia się ze swoim imieniem inaczej niż dorosły, który nauczył się już od imienia siebie oddzielać. Mój syn, zapytany: „Kim jesteś?", odpowiada: „Frankiem". Nie na przykład „chłopcem", tylko właśnie „Frankiem". Jakby imię nie tylko go oznaczało, lecz stanowiło o istocie tego, kim jest. Jest Frankiem, a Jorg był Jorgiem, zaś ta porządna, skromna nauczycielka za pomocą środków właściwych epoce objawiła mu, że jest jeszcze kimś innym: Jurkiem. Chociaż w domu dalej był Jorgiem. Czy rodzice Jorga, Josef i Valeska, byli zachowaniem nauczycielki oburzeni? Nie wiem. Ale nie sądzę.

Sądzę, że wydawało im się naturalnym porządkiem świata to, że nauczycielka mówi ich synowi, kim jest.

A co działo się wewnątrz tego siedmioletniego chłopca? Z jednego nagle powstało dwóch: domowy Jorg i szkolny Jurek. Nie było w tym nic niezwykłego, po drugiej stronie granicy dzieci również się rozdwajały. Jorg chodzi zresztą często na drugą stronę granicy, do ōmy na ôbiŏd. Czy wtedy pojawia się jeszcze trzeci chłopiec, Jörg? Nie wiem. Może.

Który z nich jest prawdziwy? Jorg jest pierwszy, ale to pierwszeństwo nie daje mu wyłączności na bycie naprawdę. Chłopców jest trzech, wszyscy trzej prawdziwi. Później, kiedy dorośnie, to zdecyduje się pozostać tym pierwszym Jorgiem, a Jerzego albo Jörga nosić tylko jako umyślne przebranie, szczurzą sierść, pióra wronie. Ale wcale nie jest to wybór oczywisty. Wielu kolegów Jorga wybrało inaczej, a wielu nie zdążyło wybrać, bo któreś imię odcisnęło na nich swoją pieczęć w akcie zgonu: pod Stalingradem, w kopalniach Magadanu, w obozie w Świętochłowicach albo w Mauthausen, albo gdzieś pod płotem.

Mógłbym pisać o tym w kategoriach gwałtu symbolicznego, ducha historii albo potraktować to jako przyczynek do anatomii dwudziestowiecznych nacjonalizmów, ale te wszystkie prawdziwe w tym kontekście słowa tylko odwracają uwagę od tego, co ważniejsze: od chłopca, który się rozdwoił.

2013

Łotewscy żołnierze w ciemnozielonych mundurach z 1920 roku szturmują plac Zbawiciela. Tyralierą zbiegają z otaczających go wzgórz zaśnieżonych i pokrytych rzadkim, świerkowym lasem. Na ich czele idą ramię w ramię marszałek Mannerheim przy orderach i Lenin w astrachańskiej czapie. Modna warszawska młodzież po kawiarniach patrzy na ten szturm zblazowana i znudzona. Dopiero kiedy kule zaczynają świstać, młodzieńcy w rurkach wzdychają, zabierają swoje damy i przenoszą się ze stolików przed Charlotte do środka. Szturm się jednak załamuje: z wieży kościoła ogień z kaemu PK otwiera pewna moja znajoma w sztucznym futerku i czapce z psa. Grzeje do Łotyszy i bluźni im straszliwie. Mannerheim i Lenin deliberują chwilę, w końcu uznają, że straty w ludziach można zaakceptować, ale tego potoku bezeceństw słuchać się nie da. Wstrzymują szturm i idą na wódkę do Warszawskiej. Piją żołądkową, a Mannerheim objaśnia Leninowi poszczególne ordery na swojej piersi.

Śniło mi się.

* * *

Na chodnikach lepki, szarobrązowy śnieg, na butach biała sól. Mam w walizce buteleczkę specjalnego płynu, którym można ten osad zetrzeć, i kiedy tylko mogę, ścieram go pilnie, pachnie octem. W czytelni biblioteki na Świętojańskiej roześmiana, energiczna makijażystka w świetnych okularach maluje mi dłonie, ponieważ uważa, że są zbyt czerwone. Przez dwie godziny jestem pisarzem z makijażem na dłoniach, a fotograf o uroku Włóczykija robi mi zdjęcia. Będzie na tych fotografiach siedział smutny idiota w krawacie, ale dłonie i gęba nie będą czerwone, tylko równo cieliste jak u świeżego trupa w domu pogrzebowym.

Producentka sesji ma na nadgarstku wytatuowaną pszczołę wielkości rosłej myszy, a ja wyobrażam sobie tajne i bardzo stare Stowarzyszenie Pszczół; od czasów stanisławowskich spotykają się warszawianki co sobota w tajnym klubie-ulu, jest królowa, są robotnice i co jakiś czas, zawodząc tajne, pszczele pieśni, przyprowadzają głupiego trutnia, któremu wydaje się, że wygrał los na loterii. Następnego dnia rano zmarzniętą Wisłą spokojnie płynie sobie jego umęczone ciało. W łonie królowej poczęła się kolejna.

Rano na peronie czeka na pociąg wystraszona dziewczyna w drogich butach, z pięcioma wielkimi walizami z kompletu i skrzyneczką, w której siedzi wystraszony kot. Dużo tych waliz, ale w sumie niewiele jak na dorobek życia trzydziestolatki w drogich butach. Ale jest kot, zawsze jest kot.

Wracam na Śląsk pociągiem do Budapesztu. Czasem myślę sobie, że mógłbym ten pieprzony Śląsk przegapić i pojechać dalej, ale potem zaraz myślę sobie, że jednak nie, bo w Budapeszcie nikt na mnie nie czeka, a na Śląsku czekają na mnie dzieci, żona i miejsce na cmentarzu.

Na fotelach czeskiego wagonu leżą wyborcze gazetki Karela Schwarzenberga, tytuł „Karlovin", w nich wspaniała gęba z innej epoki, mięsiste usta, wąs, spojrzenie zmęczonego basseta. Gość, który umie posługiwać się sztućcami do ryby, wyniośle wiązać muszkę i potrafiłby z wdziękiem wypowiedzieć wojnę totalną Słowacji albo zbombardować Wiedeń. Niemiecki książę rządzi Czechami, piękny obrazek. Przeglądam wyborcze laurki, cieszę się, że ciągle umiem swobodnie czytać po czesku. Na ostatniej stronie poparcia Schwarzenbergowi udzielają czescy wszyscy święci. „Divam se kolem sebe, kdo by to dělal lépe něž já, a nikoho jiného nevidím než Karla Schwarzenberga", dowcipkuje Bolek Polívka. Nie wiem kto to, ale niektórych rozpoznaję, Forman, Svěrák, Menzel, a na dokładkę jeszcze Roger Scruton, który wydaje mi się jakoś podobny do mnie samego sprzed dziesięciu lat, bo ma zdanie na każdy temat: od Léona Kriera i jego walki z modernizmem po wybory prezydenta Republiki Czeskiej.

Wyświetlacz donosi, że przez Polskę równą i białą jak kartka papieru jedziemy z prędkością stu pięćdziesięciu dziewięciu kilometrów na godzinę. Jestem bardzo zmęczony. Na śniegu sarnie szlaki. Coś się we mnie pali. Może to po prostu zgaga.

* * *

Śniło mi się, że za jakieś skomplikowane podatkowe zaległości, których oczywiście nie rozumiałem, skazano mnie na trzy miesiące więzienia. Wszyscy reagowali bardzo spokojnie: trudno, trzeba, to trzeba, odsiedzisz swoje i będziesz miał z głowy. Jak przez mgłę pamiętam, że jednak próbowałem uciec do Mongolii, ale samolot zakopał się w śniegu pod moim domem, a niemądry pilot, mój kolega z podstawówki, tylko naciskał przepustnicę, śmigło wyło, awionetka pogrążała się coraz głębiej, aż w końcu zniknęła pod śniegiem. Wszyscy wzruszali ramionami: trudno, odkopie się ich na wiosnę. Udałem się więc do więzienia położonego na przedmieściach Gliwic. Nie było złe: przypominało raczej skromny, trzygwiazdkowy hotelik, pokój był czysty i sympatyczny, na ścianie w hallu wisiał obraz Waliszewskiej z dziewczętami tańczącymi wokół głowy kozła, były Wi-Fi, room service, śniadanie w formie bufetu od szóstej do dziesiątej, pościel zmieniana codziennie i w ogóle było zupełnie puste — żadnych więźniów ani strażników, tylko jeden znudzony recepcjonista, który zapowiedział mi, że dojazd do miasta jest kiepski, ale mogę korzystać z prywatnego samochodu, parking jest darmowy, a ja mogę wchodzić i wychodzić, kiedy zechcę. Postanowiłem, że kupię sobie brerę z silnikiem 3.2 na te dojazdy. Stwierdziłem, że nie jest źle, a potem nagle zrozumiałem, że to ciągle jednak więzienie.

* * *

Popijamy śniadanie piwem i opowiadamy sobie nienapisane jeszcze powieści. Dwaj zmęczeni chłopcy w lekkopółśrednim wieku. Gęby napuchnięte, łapki się trochę trzęsą. Kawiarnia, w której siedzimy, jest blisko wielkiego biurowca, wpadają więc co chwila mizerni pracownicy niższego i średniego szczebla w niezgrabnych garniturkach, płci obojga lub nieokreślonej, czekają na swoje latte w papierowym kubku i patrzą na nas z pogardą, no bo kto w środku tygodnia pije piwo o dziewiątej rano i w ogóle się obija, rozparty na kanapie?

Ale może też trochę zazdroszczą. Potem w poszukiwaniu odpowiedzi na pytanie o to, czym żyją na co dzień drodzy rodacy, włączamy telewizor, a tam film przyrodniczy o młodych słoniach, które gwałcą i zabijają nosorożce. Próbujemy wymyślić, czego to mogłoby być alegorią, i ponosimy klęskę. To znaczy tylko tyle, ile znaczy: słonie gwałcą i zabijają nosorożce. Życie jest smutne i piękne. Dlaczego? Because fuck you, that's why.

* * *

Dzień-Zmierzch, dzień Boga Pogrzebanego. Złamana axis mundi — w Wielką Sobotę jestem jak Achilpowie, którym pękł totem. Zabierali go ze sobą, przenosząc się z miejsca na miejsce, zabierając ze sobą cały świat. Kiedy totem się łamał, plemię przestawało być plemieniem, znikały więzy między ludźmi, Achilpowie, pogrążeni w rozpaczy, snuli się po okolicy bez sensu i celu, aby w końcu usiąść na ziemi i nigdy więcej nie wstać.

* * *

Rano rozmowy z dwulatkiem jak mantra, potem między domowo-świątecznymi obowiązkami

Eliade, żeby sobie wszystko jakoś uporządkować, i jeszcze Neurobota *Pętla Bohumina*, muzyka bardzo na Wielką Sobotę, bo przerażająca jak cisza. A potem poczytałem trochę *Eumeswil* i przełożyłem fragment dla ćwiczenia stylu.

Był to mój pierwszy dzień służby po wakacjach. Rano przyjechałem z miasta, po drodze kupiłem nowego „Strzyżyka". Kupuję czasem ten magazyn, pełen zniesmaczonej ciekawości, bo chcę być na bieżąco z nastrojami — ale kupuję wyłącznie w kiosku.

Wspominałem już chyba, że prenumeratorów jest niewielu, chociaż wszyscy „Strzyżyka" czytają. Lista subskrybentów jest oczywiście znana w kazbie. Znaleźć się na niej nie jest jeszcze przestępstwem, ale razem z dwoma czy trzema innymi nazwiskami — krąg się zawęża. W moim przypadku w grę wchodziłaby moja rodzina. Właśnie dlatego Zerrwick kilkanaście lat temu zaczął wysyłać mi darmowe egzemplarze — co jest nawet gorsze od prenumeraty. Z tego powodu poprosiłem go uprzejmie, aby nie przesyłał mi już kolejnych numerów. To mój stary kłopot: dać się złapać między dwoma stronnictwami, których spory wydają mi się niedogodne, a często odrażające. Czasem mam na głowie jedno stronnictwo, czasem drugie, a czasem oba w tym samym momencie.

(...)

Estetyczne gusta Domo ograniczają się do muzyki. Opinie na temat stylu i języka wykształcił na klasyce. Nie powiedziałbym, że nie ma w ogóle pojęcia o sztukach pięknych, ale zawsze będzie raczej po stronie rysownika niż kolorysty. Mieszkanie urządził w stylu klasycznym — jest oszczędnie i trzeźwo eleganckie, ani zbyt ciepłe, ani za zimne, i rozmawia się w nim raczej cicho niż głośno. Na ścianie pyszni się tylko jeden obraz: Vermeer uratowany z wielkiego pożaru, z kontrastowymi powierzchniami cytrynowej żółci i ultramaryny. Tylko szyby w bulajach opalizują kolorami, jakby pan domu chciał dostarczyć dowodu, że włada również pośrednimi tonami.

Domo ma tam pulpit, zza którego dyktuje, jeśli akurat po kolacji wezwał skrybę. Często pracuje do późna, mimo że to raczej czytanie jest dlań rozrywką. Pewnego razu katalogowałem jego sypialnianą bibliotekę: historia i dramaty, żadnych powieści ani wierszy, zamiast tego kolekcja aforyzmów od Heraklita do Montaigne'a i Lichtenberga. Jego maksyma zaś brzmi tak: „najpierw szachownica, potem gra".

W pracy siada za biurkiem i przyjmuje interesantów podczas krótkich ceremonii, przystosowanych do każdego gościa. Wielkie okna zwracają się ku miastu; przez telewizjer widać wszystkie zaułki, nawet te ukryte przed wzrokiem. Drugie urządzenie nieprzerwanie odbiera wiadomości — mały dzwoneczek rozbrzmiewa tylko wtedy, kiedy moderator uzna, że któraś z informacji zasługuje na uwagę.

Tak samo jak nie docenia obrazów, na których kolor rozpuszcza, albo nawet unicestwia formy, tak nienawidzi Domo emocjonalnej emfazy w polityce. „Uczucia to sprawa prywatna" — twierdzi.

Entuzjazm uważa za podejrzany, nawet jeśli jest to entuzjazm dla Kondora. „Istoty ludzkie są niewdzięczne — szczególnie kiedy są zepsute. Liczymy się z tym od samego początku".

Kiedy Kondor ostrzeliwał miasto, Domo zajął ratusz, gdzie deputowani, którzy jeszcze nie uciekli, stwierdzili: „Ustąpimy tylko wobec przemocy".

„To bardzo rozumne — oto ona" — odpowiedział Domo, wskazując na marynarzy, którzy stali za nim.

* * *

Mój przyjaciel, pisarz Wit Szostak, nosi tak naprawdę inne imię i nazwisko i pod tym innym nazwiskiem zawodowo zajmuje się filozofią, zaś Wit Szostak to pseudonim.

Kiedyś grał na skrzypcach oberki i nosił wtedy chłopskie, lniane koszule bez kołnierzyka i mankietów, a teraz nie gra już oberków na skrzypcach, tylko pisze Krakowowi mity, zaś jego Ojciec Republiki, Józafat Dumanowski, się materializuje: ma już głos z radiowej adaptacji Klaty, ma twarz (Sieńczyk mu narysował), a ponieważ w Teatrze Starym właśnie wystawiają go dwa zespoły aktorskie, to ma też ciało, i jutro będę go tam wcielonego oglądał, i może dlatego o tym piszę.

Tymczasem wyobrażam sobie, jak doktor filozofii, wykładowca akademicki, uczeń Tischnera i specjalista od fenomenologii w jednej osobie nieco znużony wraca z wykładów do domu w podkrakowskich Opatkowicach, parkuje niebieską skodę, wspina się do garderoby na piętrze i zdejmuje z siebie tego doktora filozofii razem z imieniem i nazwiskiem (którego tu nie wymienię), po czym ściąga z wieszaka i wkłada na siebie Wita Szostaka, cały komplet. Na komplet składają się, patrząc od góry: trochę kędzierzawa, raczej dłuższa fryzura z przedziałkiem. Dalej gładka koszula, dalej krawat paisley i jedna z wielu szytych na miarę tweedowych marynarek w kratkę księcia Walii albo w pepitę, albo z donegalu czy z czegoś tam, nie znam się na tweedach — a pod marynarką jedna z wielu szytych na miarę kamizelek, również z tweedu: z przepisową, dużą liczbą kieszonek, z wyłogami i z dodatkową dziurką, w której nie ma guzika i z której zwisa łańcuszek jednego z kilku kieszonkowych zegarków: Wit Szostak mi je pokazuje, otwieramy wtedy koperty i z fascynacją przyglądamy się intymności zegarczych mechanizmów, cierpliwej, a jednocześnie trochę wariackiej pracy rozprężających się sprężyn i kręcących się trybików.

Doktor filozofii o imieniu i nazwisku, których nie zdradzę, ale które ma jak najbardziej, wisi już w szafie, a Wit Szostak wkłada trzewiki i palto i wychodzi w kompletnej postaci Wita Szostaka, po czym udaje się do miasta, gdzie zjadamy sobie obfitą kolację w jednej z paru sprawdzonych restauracji (obaj nie lubimy zmian i nigdy nie chodzimy do miejsc wcześniej nierozpoznanych), wypijamy parę karafek wina, a potem idziemy na piwo, gdzie pojawia się trzeci z naszej wesołej kompanii, to jest pisarz Łukasz Orbitowski, w skórzanej kurtce i z ciężkim spojrzeniem (nie cieszą go bowiem rozkosze stołu, bo nic go w ogóle, kurwa, nie cieszy i nas w sumie też nieprzesadnie, ale jeszcze chce nam się samych siebie w tej kwestii oszukiwać) i gdzie spokojnie, lecz wesoło spożywamy po kilka albo i kilkanaście kufli piwa, aby potem jeszcze przespacerować się nocnym Krakowem, zakłócać mieszczański spokój głośnymi pijackimi debatami i w końcu się rozstać.

Rozstajemy się zaś zadowoleni i syci: w sensie dosłownym, ale też syci siebie, rozmów, życia, i Wit Szostak wesoły i nieco figlarny jedzie sobie do domu, gdzie czeka nań cierpliwa i wyrozumiała żona. Pisarz wspina się więc znowu na piętro, idzie do garderoby i podejrzewam, że następnie Wit Szostak ponownie odwiesza do szafy Wita

Szostaka, czy jednak wkłada od razu doktora filozofii, ucznia Tischnera i specjalistę od fenomenologii, czy przez chwilę pozostaje taki pomiędzy, ani Szostak, ani doktor filozofii, niezdecydowany, niewybrany, siedzi w fotelu w swoim gabinecie pełnym książek od podłogi po sufit, może zapala fajkę albo cygaretkę, albo goździkowego papierosa i tak siedzi w tym fotelu, pomiędzy dwoma nazwiskami, pomiędzy dwoma światami, pomiędzy jedną marynarką a drugą. Mądra żona Wita Szostaka — tak sobie to wyobrażam — widzi go wtedy przez uchylone drzwi, lecz nie wchodzi, pozwala mu tam siedzieć samemu i po cichu. Może idzie do garderoby i patrzy, jak na wieszakach wiszą doktor filozofii i pisarz.

A kto siedzi w gabinecie z fajką albo cygaretką, albo goździkowym papieroskiem?

* * *

Wieczorem siadam przed domem, patrzę, jak od burzy ciemnozieleniеją pola, i chociaż mam w domu lepsze piwo, mam nawet flaszkę brunello di montalcino i inne burżuazyjne przyjemności, to otwieram rosyjską baltikę, której wiele lat nie piłem, a którą lubię tylko dlatego, że lubiłem ją dziesięć lat temu, i nagle pamiętam, nawet nie „przypominam sobie", ale właśnie pamiętam, jakbym nagle, jednym ruchem, zdarł zasłonę i ujrzał wszystko. Zwykle niewiele pamiętam, a tu nagle wszystko.

Pamiętam chemiczny zapach kibla w transsybie i trupio zieloną farbę, którą cały jest pokryty, łącznie z taflą okna.

Pamiętam rozgrzany beton na peronie, gdzieś na Białorusi, nie pamiętam gdzie, ale pamiętam ten gorący beton, stertę plecaków, buty, goreteksy i polary, i czekanie, czekanie, czekanie, popijane baltiką. Milicjant podejrzliwie sprawdzający nasze paszporty: spojrzenie w paszport, spojrzenie w moją gębę dwudziestotrzyletnią, spojrzenie w paszport i znowu w gębę, w paszport, w gębę, da, ładno, pojechali. Tyle mam właśnie lat, dwadzieścia trzy, ale nie skończone, dwadzieścia dwa i pół. Mam dziewczynę. Żony nie mam. Mam za to pięćset dolarów na półtora miesiąca, wspólnie z tą moją dziewczyną, która w szortach siedzi na betonie obok, oparta o wielki plecak i coś rysuje w notatniku. Uda ma opalone. Ja mam strzechę kudłów w kolorze mokrego siana, nadwagę, łeb pełen Chateaubrianda i Tocqueville'a, czytam *Dar Humboldta* Bellowa, a teraz mam wrażenie, jakbym wtedy właśnie powoli i w bólach przychodził na świat, jakbym się rodził wtedy.

Potem Moskwa i wielkie oburzenie, bo się okazuje, że kolega przemycił jakieś skręty, oburzenie

nie dlatego, że nie lubimy skrętów, ale dlatego, że oczyma duszy widzimy już, jak nas wszystkich za jego śmieszne papieroski w kajdanach na Sybir na wieczne zatracenie wiodą, jednak potem na trzynastym piętrze moskiewskiego akademika palimy te skręty na balkonie, popijamy baltiką i patrzymy, i z jednej strony jest miasto po horyzont, a z drugiej strony jest las po horyzont, jak ocean ciemnozielonych brokułów, i już się nie oburzamy więcej, bo niczego podobnego w życiu wcześniej nie widzieliśmy, tylko stoimy i patrzymy, i nic nie rozumiemy, a we mnie coś się odkłada od tego patrzenia na las i na miasto, jakaś mądrość nierozpoznana i nieuświadomiona.

Potem Dworzec Kazański, pani prowadnica groźna jak z filmu świętej pamięci Bałabanowa, paszporty i znowu skupione spojrzenia urzędnicze, zdjęcie, gęba, zdjęcie, gęba, ładno, pażausta, pojechali.

I pojechali, i zaraz M. krzyczy do debila jednego z drugim, gdzie jest, kurwa, mój plecak, debilu jeden z drugim, mieliście zabrać z peronu, bo ja to przepisanie biletów załatwiałem, a oni myśleli że, nie, coście kurwa myśleli, że sam się wniesie do pociągu…! Więc wielka akcja ratunkowa plecaka M., który na podbój Syberii i Mongolii jedzie w klapkach, szortach i T-shircie, wyposażony jedynie w saszetkę z dolarami, a i to nie wszystkimi, bo dwie stówki zostały skitrane w plecaku. Mamy jedną komórkę, któryś rodzic dał, żeby był z nami jakiś kontakt, telefonujemy, ktoś podobno ten plecak z peronu do kamery chranienia chowa. Cztery godziny później M. wysiada w Kazaniu i wraca do Moskwy, żegnamy się tak, jakby ta wyprawa to była poważna rzecz, jakby żegnał się Livingstone ze Stanleyem, i to jest poważna rzecz, chociaż wcale nie jest. Umawiamy się: czekać będziemy na ciebie, bratku, w Irkucku. Aż przyjedziesz. Na dworzec wychodzić będziemy codziennie, wyglądać, czyś przyjechał, bratku. Jesteśmy młodzi, mamy czas, nigdzie nam się nie spieszy.

I jedziemy dalej, pijemy baltikę w restoranie, a M. oddaje się w opiekę troskliwym kazańskim milicjantom, którzy się z nim pięknie po rusku upijają i przechowują go w areszcie. Potem do Moskwy powróciwszy, odnajduje plecak, z którego ręka troskliwa i szlachetna wyjęła jedzenie zagrożone zepsuciem, a skitranych dolarów nie tknęła, potem cudem znajduje bilet na nieodległy pociąg i spotykamy się z M. w Irkucku, jak gdyby nigdy nic, i jedziemy nad Bajkał, jak gdyby nigdy nic, a potem dalej, do Mongolii.

Jedziemy.

Pamiętam: rozlaną, prawie płaską twarz podstarzałej, buriackiej neurochirurg, która jedzie na pryczy obok i z którą rozmawiamy łamanym rosyjskim o życiu i o niczym i znowu coś się we mnie odkłada, jakaś mądrość nieuświadomiona, z tej rozmowy.

Jedziemy: pociągiem, uazem, konno. Dalej.

Pamiętam, jakbym teraz czuł je na plecach, mroźne powietrze wciskające się do namiotu rozbitego na brzegu jeziora Chubsuguł w mongolskich Sajanach, wilgoć w butach, które wkładam, wstając przed wszystkimi, pamiętam przyglądającego mi się jaka o pysku niczym u samego Belzebuba i pamiętam uwiązanego na boleśnie krótkim sznurze, obojętnego jak trup renifera z omszałym porożem. Jaka i renifera spotykam o świcie w drodze nad jezioro, a potem spotykam ćmy na wodzie, biały kożuch ogromnych, martwych ciem, kołysanych spokojnym, śródlądowym przybojem. Tysiące, setki tysięcy, miliony, nie wiem. Dużo. Przy brzegu jezioro jest białe od ciem.

Często śnię i myślę o tych białych, martwych ćmach w wodach jeziora Chubsuguł. O ich rozpostartych szeroko skrzydłach, poruszających się wraz z przybojem.

O sobie samym, który na nie patrzy. Czy należę do tego samego porządku, którego rytm i sens wyznacza ruch mokrych ćmich skrzydeł, czy coś mnie spod władzy jaka, renifera i ciem wyzwala?

Wtedy miałem jasną odpowiedź. Dziś już nie mam.

Patrzę na to wszystko i nic nie rozumiem, bo mam dwadzieścia trzy lata i jestem, i pozostanę głupi, ale odkłada się to we mnie cienkimi warstwami, mądrość „biało-zielonego Boga lodowców", mądrość baltiki, renifera, jaka i martwych ciem, Buriatki i brokułowego lasu po horyzont, mądrość, do której wtedy nie miałem żadnego dostępu i do której dalej nie mam dostępu, ale która we mnie jest i kiedyś się we mnie otworzy, i wtedy już będę wiedział.

Nie wszystko, co prawda, ale dużo.

* * *

Gotuję rosół. Rosół to ważna rzecz. Być może w ogóle jedna z ważniejszych w życiu, podobnie jak pastowanie butów. Słucham po raz kolejny nowej płyty Depeche Mode. Otwarłem drugą butelkę. Patrzę w czarne pola za oknami, są tam, wiem, chociaż ich nie widać. Czekam na przyjaciół, którzy około dziewiątej wyjechali z Warszawy i podobno już minęli Częstochowę. Czytam trochę Pounda. Czytam trochę Kawafisa. Czytam trochę Facebooka. Myślę o wczorajszym wieczorze, o *Dumanowskim A–B* w Starym, dwa przedstawienia, jedno ślicznie wybrzmiewające frazą z powieści przyjaciela, drugie nie bardzo. Potem parę zabawnych qui pro quo, a potem picie i szwendanie się po nocnym, umarłym Krakowie, trochę rozmów mądrych, dużo radosnego bredzenia i żartów, trochę szukania zaczepki. Nie znalazła się. Bolą mnie plecy. Piję to moje wino. Była reserva, ale już nie ma. Myślę o Łukaszu Orbitowskim w Afryce i jego relacjach z podróży. Myślę o Łukaszu Orbitowskim jako o człowieku jednocześnie niezniszczalnym i bezbronnym. Ciało mnie uwiera. Piliśmy wczoraj wódkę z sauerem i byliśmy najstarszymi gośćmi w całym, podłym dosyć lokalu.

* * *

Na dworcu, na schodach ruchomych, pani mówi do pana: „...bo jak człowiek spotka czasem człowieka, to i troszczyć się zacznie, rozumiesz, zależy mu...” — a potem jedzie dalej w górę, a ja w dół. Tak się minęliśmy.

* * *

Casablanca jest miastem, to najważniejsze. Jest biedna i bogata jednocześnie, dla Marokańczyków — jak pisze Tahir Shah — francuska, dla Francuzów afrykańska.

Po dwudziestej gwarne wcześniej ulice, pełne modernistycznych pomników kolonialnej, francuskiej dumy, wyludniły się nagle i zupełnie — jest ramadan, po całym dniu postu wierni poszli zjeść iftar. Oczywiście nic z tego miasta nie rozumiem i chyba nawet nie próbuję. Bo niewiele mnie już interesuje, chcę po prostu być, nie muszę już niczego rozumieć. Może pogodziłem się, że nie zrozumiem, nawet gdybym bardzo chciał.

Idę więc pustą ulicą — nie ma nawet taksówek, białych mercedesów „beczek" i małych, czerwonych „petit taxi", głównie dacii logan, których szerokie, obsadzone palmami aleje pełne są w ciągu dnia. Na ulicy pojedynczy przechodnie, apatyczni jak wszyscy tutaj. Nic nie rozumiem. Nie muszę. Idziemy do portu zjeść kolację, w porcie pachnie oceanem i śmierdzi rybą i glonami. Siadamy i jemy, w restauracji jest gwarno i europejsko, za to można palić, jak wszędzie tutaj, więc palimy, ciesząc się tą małą, anachroniczną wolnością, jemy ogromne krewetki i piękne langustynki, których długie, smukłe szczypce rozgniatamy i wydłubujemy, i wysysamy z nich skromne, lecz soczyste kawałki morskiego mięsa.

Jedzenie w ogóle kojarzy mi się z seksem, ale jedzenie skorupiaków rękami najbardziej: palce i wargi, wysysanie, rozłamywanie, oblizywanie, rozdzieranie pancerzyków, aby dobrać się do ukrytych pod nimi skarbów, i morski smak, a potem talerz resztek jak zmięta pościel i w pośpiechu zdarte ubrania, i poczucie zaspokojenia, i ociera się lepkie wargi i dłonie z soków.

Do skorupiaków dwie butelki lokalnego, marokańskiego wina. Nie wiem, jakie jest, niewiele mnie to obchodzi, jest białe i zimne, i w wiaderku z lodem. Do wina przywiezione z domu djarumy. Potem deser i kawa. I wcale a wcale to nie jest marokańskie, arabskie ani berberyjskie, to po prostu popularna wśród Europejczyków knajpa z owocami morza w porcie rybackim, nie jest mi potrzebna żadna autentyczność, nie interesuje mnie, jak jest naprawdę, w zasadzie wcale nie interesują mnie Maroko, islam, Arabowie, Berberowie, Żydzi, Francuzi i ich burzliwa historia, interesuje mnie bardziej mięso z odwłoka langustynki i na przykład okrągły narożnik modernistycznej kamienicy, gdzie mieści się dziś kawiarnia Romano, którą mijamy, nieco pijani i najedzeni, wracając nocą do hotelu.

Na ulicy żadnych turystów, bo to nie jest turystyczne miasto, tylko żywe miasto, dlatego wydaje się raczej brzydkie. Chociaż minęła już północ, to na ulicach gwarny, buczący tłum podnieconych wieczorną ucztą. Kawiarniane stoliki zajęte, wszyscy piją colę, soki i miętową herbatę, czytają gazety, bawią się z dziećmi, na skwerach całe hordy dzieci, matki jak kwoki ciasno usadzone na ławkach, mężowie w kawiarniach. Co jakiś czas przechadzają się parami albo trójkami po europejsku wystrojone dziewczęta, dekolty, obcisłe dżinsy na wydatnych tyłkach, idą sobie więc dziewczęta dumne i odważne, a mężczyźni wcale na nie nie patrzą, zajęci sobą. I piękności żadnych jednak na ulicach nie widać. Pewnie siedzą gdzieś pod kluczem, a może to mi się już nikt i nic nie podoba. Siadamy, pijemy słodką, miętową herbatę. Papierosy.

Brudny żebrak ma na sprzedaż jedną sztukę ray-banów (oridżinal, mister, gudprajs) oraz dwa używane długopisy. Chłopiec trzynastoletni chce mi wyczyścić buty. Dynamiczny przedsiębiorca rzuca na nasz stolik trzy orzeszki pinii, i na wszystkie kolejne stoliki też, to próbka towaru, którego pełen wór ma na plecach. Podchodzi też upiorny sprzedawca gadżetów, które chyba mają pełnić funkcję rozweselającą, jednak mnie przerażają: ma połączone z plastikowymi wąsami okulary, wszystko to wysadzane świecącymi na niebiesko i różowo diodami, które pulsują, a kiedy gość dmucha, to z plastikowych wąsów rozwijają się na dwadzieścia centymetrów w każdą stronę barwne spirale. Trochę przypomina mi to wąsate głowy langustynek, które właśnie zjedliśmy.

Siedzimy, pijemy, potem idziemy, aleje i palmy, kwefy, dżelaby i krótkie spódniczki, nażelowane włosy, garnitury i wszystkie odcienie karnacji. W klimatyzowanym pokoju w hotelu zasypiam natychmiast i śnię wyłącznie o sprawach, które zostały w Polsce, jakby mnie tu wcale nie było. Rano budzę się i przez parę minut nie umiem zrozumieć, gdzie jestem.

* * *

Jadę pociągiem przez pustynię. Pięćdziesiąt kilometrów od Casablanki nie ma już śladu uroczego nadmorskiego klimatu, drzew, bryzy. Wszystko wypalone do sucha. Agawy i opuncje, sucha trawa, osły wyglądające na bardziej martwe niż żywe, przywiązane w środku niczego do krótkiego palika bez odrobiny cienia. Nieomalże słyszę, jak wysychają na tym słońcu. Oczy skryte pod skorupami ropy, szczerbate żuchwy w rozwartych pyskach już prawie jak te, które potem znajduje się na ziemi, w pyle. I ludzie o skórze jak skóra mumii, siedzący w cieniu, wycieńczeni ramadanem, równie żywi jak osły i równie wyschnięci. Ruiny kazb i riadów. Nowe domy z pustaków tynkowane na kolor suszonej w słońcu cegły. Wszędzie śmieci, niebieskie i białe worki, strzępy tych worków i tak ich dużo, jakby je ziemia rodziła. Skały. Czerwona ziemia. Koryta wyschłych rzek. Pył. Piekło. Słońce.

To wszystko w pociągu. W riadzie w Marakeszu, na wewnętrznym dziedzińcu, zupełnie inne myśli. Centrum medyny — starego miasta — nie wydaje się zupełnie pożartą przez turystykę cepelią. Uliczki często są korytarzami biegnącymi pod piętrami domów, obfitują w dzieci i sklepiki z byle czym, ale spacer nimi nie ma nic wspólnego z przechadzką po ulicy. Idzie się jak korytarzem cudzego domu, bardzo nie na miejscu. A raczej przypominającą labirynt plątaniną korytarzy. Nachalnie uczynni młodzieńcy chętnie poprowadzą przez ten labirynt, by żądać potem absurdalnych kwot, w końcu zadowalają się ich drobnym ułamkiem. Trudno się im dziwić — orżnąć na kasie próbuje tutaj każdy nędzarz i często im się to udaje. Zmęczony nachalnością, płacę za to, żeby się odczepili, płacę z niesmakiem, ale nie jest mi smutno, nie chciałem wcale, aby byli dla mnie autentycznie mili, nie oczekiwałem od nich żadnej autentycznej serdeczności, niczego takiego do nich nie czuję, nie chcę poznawać nowych ludzi, nie chcę z ich łamanej angielszczyzny odszyfrowywać ich życia i poglądu na nie, nie chciałbym wcale odwiedzać ich domów, do których podobno mieli chętnie zapraszać, i cieszę się, że nie zapraszają.

Chcę ten kraj oglądać jak zza szyby, nie chcę poddawać się złudzeniu, że mógłbym na trochę, przez dwa tygodnie pożyć życiem innego świata, innej cywilizacji, nie chcę poznawać ich obyczajów, chcę czuć się tutaj obco i nie u siebie i tak się właśnie czuję, i to mi się podoba. Kiedyś podróżowałem inaczej, siedziałem godzinami w jurtach naszych mongolskich gospodarzy, starannie przestrzegałem wewnętrznej organizacji tejże jurty (ruch wewnętrzny tylko w jedną stronę, zgodnie ze wskazówkami zegara, część kobieca, męska i tak dalej), kładłem wota na owoo, chciałem się zaprzyjaźniać, rozumieć, szukać tego, co wspólne.

Teraz nie chcę. Jestem tutaj kosmitą i kosmitą chcę pozostać.

Może dlatego tak bardzo odpowiada mi zamknięta przestrzeń riadu, przekształconego w hotel, ale zupełnie pozbawionego hotelowej atmosfery. Nagle rozumiem, jak bardzo pozbawione są prywatności spragnione światła domy północnej Europy — jak mój dom na polach, otwarty z trzech stron na nasze wątłe słońce.

Riad na zewnątrz ma tylko mury, zlane z murami innych domów. Z zewnątrz nie umiem odgadnąć, gdzie kończy się jeden, a zaczyna drugi. Okna otwierają się tylko na wewnętrzny dziedziniec. Na parterze dwa dziedzińce. Jeden z fontanną i drzewkami pomarańczowymi, tam jemy śniadanie. W drugim mieści się niewielki basen w kształcie dziurki od klucza, wyłożony mozaiką jak w hammamie, marokańskie tynki i snycerka w galerii na piętrze, w donicach stoją palmy, obok słomiane fotele, kanapy, szisze i lampy z tykw. Gwaru ulicy nie słychać tu w ogóle. Głębokie studnie dziedzińców z basenem i fontanną w jakiś tajemniczy sposób działają jak klimatyzacja. Personel jest uczynny w sposób zupełnie niehotelowy — nie jest to uprzejmość zgodna z procedurą, tylko pełna godności dyskretna serdeczność i staranność, która robi na mnie wielkie wrażenie, jakbym obcował z angielskim kamerdynerem z *Downton Abbey*. Gości jest tutaj może kilkunastu, a ponieważ niewielkie i cudownie ciemne pokoje nadają się raczej tylko do spania, to wszyscy przebywają na dziedzińcu, jednak — dzięki Bogu — nie panuje tutaj nieznośna, serdeczna atmosfera backpackerskich hosteli, tak samo męcząca na całym świecie. Tutaj wszyscy są bardzo grzeczni, kłaniają się sobie delikatnie, bonjour, bonjour, rozmawiają przyciszonymi głosami, by nikomu nie przeszkadzać, cierpliwie czekają, aby wejść do basenu, chociaż miejsca jest dość, i nikt nie próbuje się zaprzyjaźniać, wymieniać „travel tips" ani opowiadać o swojej pracy i życiu. Trzech podstarzałych nieco, jednak przystojnych i brodatych młodzieńców z Portugalii. Para sześćdziesięcioletnich lesbijek z Francji, drzemią sobie na kanapie nad basenem i są dla siebie jednocześnie obojętne i czułe, jak przystało na stare, boleśnie doświadczone życiem i sobą małżeństwo. Angielska rodzina z dwójką kilkunastoletnich dzieci, bardzo dobrze wychowanych. My. Para cichych Amerykanów pozbawionych wieku i jakichkolwiek cech — poza ową cichością — którymi można ich opisać. Wszyscy osobno, dyskretnie, cicho. I tylko ja podglądam, mały, głupi Peeping Tom.

Wieczorem wzmocniony głośnikami śpiew muezzina z pobliskiego meczetu wygania nas na zewnątrz, już czas iść coś zjeść. Z trudem przebijamy się przez medynę, depcząc prawie po kartonach, na których śpią i posilają się żebracy, i potem jemy na ulicznym straganie, i niezbyt dobre jest to jedzenie, tylko wołowina z tadżinu dobra. Potem przyglądamy się wieczornej modlitwie, imam (czy kto tam te modlitwy prowadzi) śpiewa wstrząsająco, jest w tym śpiewie melodia pustyni, chociaż to oczywiście głupie i prymitywne skojarzenie z amerykańskich filmów — te pierwsze ujęcia z lotu ptaka, minarety, wschód słońca i tak dalej. I wcale mi się ten nocny, tłoczny Marakesz nie podoba, chociaż przecież to esencja Maghrebu, nachalni sprzedawcy, nachalne Berberki z henną w strzykawkach, forjorlejdi, forgudseks. Idę przez to wszystko trochę jak przez park osobliwości albo kiczowaty pałac strachów w wesołym miasteczku, i w końcu wracamy do riadu, i na dziedzińcu, przy basenie oddycham z ulgą.

Uciekam z Afryki do *Kapelusza całego w czereśniach* i zasypiam szybko pod cienkim prześcieradłem.

Nie śnię niczego.

Budzę się bardzo wcześnie, znowu nie wiem, gdzie jestem.

* * *

Niedźwiedź polarny w basenie, w zoo. Pływa tam i z powrotem, ja stoję w szklanym tunelu pod wodą, niedźwiedź pływa i nurkuje nade mną. Gracja i potęga, i nieświadoma frustracja drapieżnika w niewoli. Jünger pisze, że nie należy ulegać złudzeniu, iż duch objawia się tylko w tym, co ludzkie: jaki więc duch objawia się w zamkniętym w luksusowym lochu niedźwiedziu, który nigdy nie zazna głodu i nigdy nie pogna przez zamarznięty Ocean Arktyczny za wonią samicy albo krwi?

Na przejściu dla pieszych dziewczyna na rowerze zatrzymuje się na czerwonym świetle. Wspiera się tylko na palcach prawej stopy, jak stająca na puentach baletnica, i w tym wyprężeniu uda i łydki, i prostych pleców, i w łuku podbicia stopy jest coś niezwykle czarownego, w dosłownym sensie, to zaklęcie, czary, będące w istocie ciemnymi prawami natury. Jednocześnie to coś zwierzęcego, jak napięte, drżące pod skórą mięśnie drapieżnika, w zasadzce oczekującego zdobyczy.

Zresztą może nie należy mówić tutaj o zwierzęcości. Może to gracja gnącej się trzciny, wdzięk przyboju, urok zorzy polarnej. Krągłość otoczaka.

Patrzę, jak dziewczyna odjeżdża, odbiwszy się palcami, ani na moment nie traci równowagi, i myślę o niedźwiedziu polarnym, zwijającym się pod wodą w zgrabnym przewrocie, odbicie od ściany, cztery wymachy przednimi łapami, kolejny przewrót, tym razem z zaczerpnięciem powietrza, biało-niebieskie futro faluje pod wodą jak pszenica za moim oknem falowała, zanim ją zżęto.

* * *

W powietrzu zawiesina drobnego deszczu i mgły, mokra trawa, mokre drzewa, mokry piasek, ziemia łączy się z niebem w mokrym gradiencie.

Idę po szutrze, mokro chrzęści, idę po bułki dla trzech chłopców, którzy w moim salonie od siódmej rano oglądają poranne *Gwiezdne wojny* z rzutnika. Kuzyn u moich synów nocuje, więc wakacyjne zasady. Idę. Papieros przed śniadaniem, bardzo smaczny i wiadomo dlaczego. Rausz i chłód.

Przed sklepikiem znajomi nihiliści piją swoje pierwsze żubry. — Dobry... — witam się uprzejmie i myślę sobie, że chętnie bym do nich dołączył, postał sobie z niedobrym piwkiem na deszczu przed sklepem, ale przecież to tylko takie małe kłamstwo na poranne pocieszenie. — Ja, dobry, dobry... — odpowiadają unisono i chrapliwie i wracają do swojej konwersacji: — To ôn jōm znaloz, godōm ci, żo ôn, żech go widzioł iść na grziby... — słyszę w przelocie i myślę sobie, że musi koniecznie chodzić o trupa kobiety, bo ostatnio na Wielopolu kotłowały się radiowozy, a skoro pada, to mogłoby tak padać na nagie, zamordowane ciało. Takie mam myśli, bo za dużo seriali, a kiedy zakupiwszy bułki i keczup, wychodzę ze sklepiku, okazuje się, że nie o martwą, lecz żywą chodzi i nie o kobietę, lecz kotkę. A dzielni policjanci gonili jakichś złomiarzy, przypominam sobie. Po policzku jednego z praktykujących nihilistów cieknie łza, taki wzruszony tą kotką odnalezioną, ale może tylko mi się wydaje. Siwa, rzadka szczecina na tym policzku oprócz możliwej, lecz nie ewidentnej łzy i trochę brudu również. — Sztyry żymły... — melancholijnie komentuje zawartość mojej siatki drugi nihilista. Zgadzam się, sztyry, człapię sobie, noga za nogą i przy każdym kroku tracę pewność, że dokonam następnego, a jednak, oczywiście, dokonuję i już smaruję pulchne buły masłem, przekładam serem i szynką, zerkając kątem oka, jak na ścianie jacyś wyświetleni debile okładają się świetlnymi mieczami.

* * *

Poranek na Grochowie. Wściekły, jakby pieniądze stracił, taksówkarz wiezie mnie do radia.

— Takiemu w śmieciarce to tylko zapierdolić w ryj, aż zrozumie, szanowny panie, zapierdolić szmatę jak psa.

W śmieciarce gość w pomarańczowym kombinezonie obojętnie spogląda na taksówkarza z wysokości swej kabiny i fachu. W taksówce pali się lampka sygnalizująca niski poziom oleju i bez przerwy piszczy alarm sygnalizujący to samo, za to bardzo głośno.

Taksówkarz wrzeszczy na kierowcę autobusu.

— Mnie, kurwa, nie wpuścisz?

Oddycha bardzo ciężko, jak astmatyk. Trzyma się za serce. Co chwilę wyłącza i włącza silnik, nawet w czasie jazdy, wtedy alarm milknie na chwilę, samochód szarpie się i trzęsie.

— Widziałeś pan tego, widziałeś pan chuja, czterdzieści jedzie! Ja pana przepraszam, ale kurwa, czterdzieści!

Nad Wisłą mgła. Pijaczek siedzi na krawężniku, kontemplując własne drżące dłonie.

— I jedzie, panie, taki chuj w tej koparce, jedzie, jakby mógł!

Coś się musi wydarzyć.

* * *

Na targach książki w Belgradzie siedzę sobie na polskim stoisku. Podchodzi gość koło siedemdziesiątki, kamizelka z setką kieszeni, chlebak, farbowane na czarno włosy.

— Nazywam się X i jestem uznanym serbskim pisarzem, jednym z najważniejszych przedstawicieli współczesnej serbskiej literatury — przedstawia się bez zbędnych wstępów.

Milkniemy. Że ja nie wiem, kto zacz, to jasne — ale doskonale zorientowana w literaturze serbskiej pani, z którą właśnie rozmawiam, też nie ma pojęcia, co odgaduję, kiedy posyła mi porozumiewawcze spojrzenie, tłumacząc mi na bieżąco jego przemowę.

— Piszę monumentalne dzieła — mówi serbski pisarz, trochę w przestrzeń.

Kiwamy głowami.

— Gaspadin — zwraca się do mnie — mówią o mnie często, że jestem serbskim Szekspirem.

— Ach, to niesłychane — odpowiadam z uśmiechem.

Serbski Szekspir na chwilę milknie i spogląda na mnie z godnością i zasłużoną dumą.

— Oto moje dzieła — oznajmia i z chlebaka wyciąga kilka wydanych raczej własnym nakładem broszurek.

— To wielkie dzieło o kobietach i ich naturze. To zaś o źródłach naszej cywilizacji. Proszę pamiętać — podkreśla — mówią o mnie, że jestem serbskim Szekspirem. Uważam, że również polski czytelnik powinien mieć szansę zapoznać się z moimi książkami. W imię jedności narodów słowiańskich.

— Oczywiście... — zgadzam się pospiesznie. — W imię jedności.

Pani z obsługi polskiego stoiska z pełną powagą spisuje jego dane, uznany serbski pisarz z godnością oddala się ku następnemu stoisku, a kartka z namiarami nań natychmiast ląduje w koszu. Mnie zaś w brzuchu i w piersiach rośnie wielka, czarna gula smutku i wcale, ale to wcale nie jest mi do śmiechu. Ledwie chwytam oddech.

* * *

Przychodnia, laboratorium. Rano. Grudzień. Polska. Kolejka. Wszyscy na czczo. Rejestracja. Krew w fiolkach. Pojemniczki z moczem i kałem na ladzie. Na krześle starzec, kiedyś przystojny:

przystrzyżony wąs, aureola białych włosów dookoła łysiny, zmurszały krawat. W trzęsącej się dłoni foliowy woreczek, w woreczku szklany słoik, w słoiku żółty płyn. W uszach kłębki waty. Bełkocze. Dookoła niego uwija się młodsza o piętnaście lat stara kobieta. Kiedy wychodzą, przepuszcza ją w drzwiach, po czym potyka się o własną laskę.

2014

Pan taksówkarz mały, na oko trzydziestoletni, pyzaty i obdarzony perkatym noskiem. Mimo mrozu siedzi w taryfie w samym T-shircie. Na nadgarstku złoto, obficie.

Kiedy tylko zamykam drzwi, odkręca bardzo głośno muzykę, rusza z takim piskiem, na jaki pozwala silnik toyoty cokolwiek już dojrzałej, i zaczyna gadać:

— Zara panu takiego rękawka pokażę, że jeszcze w żadnej taksie pan tak nie jechałeś. Tak, kurwa, pana przewiozę, panie ładny, że pan, kurwa, zobaczysz!

Po pierwszym zdaniu wyszczekanym z szybkostrzelnością niemieckiego kaemu jestem prawie pewien: pan złotówa jedzie na spidzie. Chociaż z drugiej strony może jest po prostu warszawiakiem. Jedziemy.

Zakręty w poślizgu, „na rękawku".

— Uuuuuuhaaa, widziałeś pan, ło kurwa!

Cieszę się jak dziecko, dawno nie miałem takiej zabawy w aucie.

— Panie, ło kurwa, widziałeś pan, jaka dupa, jaka dupeczka jak malowanie, o ja pierdolę, jakie nóżki, ło kurwa, widziałeś pan, pończoszki, kurwa, a z pynia jaka dupa elegancka, no kurwa!

Trąbi, otwiera okno, krzyczy: — Kocham cię, mała, bądź moja — i jedziemy dalej.

Dziewczyna się śmieje. — Panie, no ale była, nie? kurwa, zakochałem się!

Jestem zachwycony, miałbym ochotę klaskać, ale tylko ryczę ze śmiechu.

Zakręt, rękawek. — Łooooooho!, panie, bo ja mam taką ambicję jako taksówkarz, żeby wyrwać dupę z ulicy, rozumie pan, nie klientkę, klientkę to nie sztuka, brzydki jestem i mały, ale że mały, w aucie nie widać i gadane mam, siada taka i zanim dojedziemy, to już moja, telefon i wszystko, ale właśnie ja chcę z ulicy dupę wyjąć i prosto do wyra i jeszcze mi się nigdy nie udało, nieufne są, kurwa, boją się, ale mówię panu, kurwa, uda mi się, bo ja jestem, kurwa, ambitny. I powiem panu, kurwa, że przerobiłem trochę tego towaru w życiu i zgłębiłem psychikę kobiet, chociaż niewiele było do zgłębiania, one po prostu nie lubią czuć się jak kurwa, tylko jak ktoś fajny, i przy mnie nigdy się nie czują jak kurwa, panie ładny, tylko jak ktoś fajny, łooooooch, poszzzło!, widziałeś pan, no więc tak to wygląda i mówię panu, wyjmę taką jeszcze, bo jak se coś postanowię, to jest, kurwa, pewne.

* * *

Czytanie Sloterdijka sprawia mi przyjemność z rodzaju przyjemności perwersyjnych, tym większą więc; niestety, w końcu, raczej prędzej niż później, pojawia się termin w stylu „przestrzeń antropofugalna" i czar pryska, jakby niepotrzebnie zacząć rozmowę z kimś interesującym i atrakcyjnym, kto rychło po tejże rozmowy rozpoczęciu zaczyna cytować Heideggera, presokratyków, przytaczać długie fragmenty z Eliota albo Jima Morrisona tudzież argumentować, iż nikt tak nie rozumie współczesności jak Madonna.

* * *

Za moim trzyletnim synem podąża lew.

Czasem Jasiek unosi głowę znad oglądanej na iPadzie bajki, wskazuje palcem kąt i spokojnie i poważnie mówi: „Tam lel!".

Widzę wtedy świecące w ciemności kocie ślepia pod szafą, pysk pełen kłów i cuchnącego oddechu, potężne łapy i ostre pazury.

Lew podąża za moim synem, kiedy jedziemy samochodem, nawet w daleką podróż.

— Tam lel. Idzie! — mówi Jasiek z fotelika przypiętego na tylnym siedzeniu, wskazując na przydrożne zarośla.

Zawsze krok za nim.

Jasiek czasem boi się lwa. Czasem strzela doń z uczynionego z palca pistoletu, który istnieje tak samo jak lew, czyli bardzo istnieje. Pytam wtedy: „Zastrzeliłeś lwa?".

„Nie" — odpowiada Jasiek.

Lwa nie da się zastrzelić.

Tam. Lew. Idzie.

* * *

Im jestem starszy, tym więcej mi się nie chce. Nie chce mi się już piwa, bo wino i wódka. Nie chce mi się wyżyłowanych dwulitrowych silniczków turbo, bo można przecież jeździć z V8. Nie chce mi się Ciorana, bo wszystko, co w nim warte lektury, jest już na stu pięćdziesięciu stronach *Maksym*... Księcia. Nie chce mi się nowej muzyki, bo mam dość starszej. Nie chce mi się na przykład Anny Calvi, bo PJ. Nie chce mi się Śląska, bo Warszawa. Nie chce mi się Warszawy, bo Śląsk. Nie chce mi się nowych powieści, bo już czytałem stare, chociaż zrobiłem wyjątek dla *Tysiąca jesieni*

Jakuba de Zoeta i nie żałuję, piękne to było, i tak uparcie hołubię jedną z nielicznych dostępnych mi cnót — niekonsekwencję.

* * *

Mój starszy syn w opinii zatroskanej pani z przedszkola jest bardzo out of context. „Żyje w swoim osobnym świecie". Też mi nowina, jego dziadek żyje w swoim osobnym świecie, ja żyję w swoim osobnym świecie, w jakim świecie miałoby żyć to jasno- i długowłose szczenię, jeśli nie w swoim i osobnym?

Cieszę się, że nauczył się już, jak budować dookoła siebie ten pancerz z półprzepuszczalnego szkła, który kolejnym wrażliwcom z mojej rodziny pozwala funkcjonować w rzeczywistości, i to funkcjonować całkiem sprawnie mimo ewidentnego od niej oderwania.

Zastanawiam się, jaki był mój dziadek, Oskar Twardoch, którego prawie nikt już nie pamięta, jeszcze tylko stara ciotka Marta, bo minęło już ponad sześćdziesiąt lat, od kiedy umarł, i ponad dziesięć od śmierci jego żony Melanii. Ciotka Marta powiedziała, że w 1944 roku wzięli Oskara do Wehrmachtu, bo „jakoś przestoł chodzić do flaku", czyli obrony przeciwlotniczej, gdzie był przydzielony, i kopalnia już dłużej nie mogła go od wojny reklamować, a potem przeżył resztę wojny w korpuśnych oddziałach fortecznych 88. Armeekorps, a potem w amerykańskiej niewoli, a nie przeżył kopalni i tężca po wypadku w tejże. Więc może był taki sam. Skoro „jakoś tak przestoł chodzić do flaku, to go wziyni do Wehrmachtu".

Może już w czasach wojen śląskich jakiś Twardoch był bardzo out of context, może kiedy po Śląsku hulał Mansfeld, jakieś jasnowłose szczenię Twardochowe żyło w „swoim osobnym świecie", nie próbując zrozumieć, o co chodzi protestantom, a o co katolikom, tylko zajmując się kolekcjonowaniem suszonych żab albo trzosów tych, co zginęli w bitwach. Może jakiś Twardoch zupełnie nie rozumiał, dlaczego husyci palą mu obejście, a może rąbał tych husytów, bo lubił rąbać, nie wdając się zupełnie w rozważania, po co, kogo i dlaczego rąbie, byle machać kordem i byle czaszki pękały pod ostrzem, a może modlił się w kościele do sobie tylko znanych bogów, a potem to jego pękła pod ostrzem czaszka. Ale w osobnym świecie, oddzielonym od reszty bańką z półprzepuszczalnego, półprzeźroczystego szkła.

„Nie ma tak bystrego człowieka, który by objął wszystko złe, które czyni"* — pisze Książę.

* Przełożył Tadeusz Boy-Żeleński.

* * *

Kiedy miałem szesnaście lat, dziewczyna dała mi kosza i *Substance 1977–1980* Joy Division na kasecie. Przykrość zatarł czas, Joyów nic nie zatarło.

* * *

Zawsze kochałem gotyckie kościoły. Na długo zanim nauczyłem się odróżniać neogotyk od gotyku, wcześniej chyba nawet, niż poznałem słowo „gotyk".

Potem przeczytałem Duby'ego i poszło, Pseudo-Dionizy, metafizyka światła, opat Suger, poszukiwanie na własną rękę fałszywej ciągłości między gotykiem a neogotykiem (ostatnie gotyckie świątynie w Prusach Wschodnich z końca siedemnastego wieku), potem pierwsze rozczarowania, romans z barokiem, potem cichy powrót, surowa, skromna elegancja kościoła Wszystkich Świętych w Gliwicach, a potem nagle pustka. Pierwszy raz parę lat temu w Notre Dame i dzisiaj w Kolonii, znowu. Nie wiem dlaczego. To piękny kościół. Jedna z najpiękniejszych rzeczy, jakie nasza neurotyczna cywilizacja zdołała z siebie wydać, obok modernistycznej powieści, niderlandzkiego malarstwa i dionizyjskiego misterium z ciała i ponad ciało. Nie wiem dlaczego. Nie przeszkadzają mi turyści, nie o to chodzi, może surowo skanalizowany ruch i tasiemcowa kolejka w Notre Dame tak, ale swobodnie łażący po kościele ludzie nie. Surowa powaga w świątyni to koncepcja nowoczesna. Andrzej Fiderkiewicz pisał o włoskich zwyczajach prowadzania do kościoła krów, w czasie średniowiecznych Świąt Głupców urządzano w katedrach pijatyki i orgie, żebraka przebranego za biskupa obsługiwały miejskie prostytutki, święty czas świata odwróconego do góry nogami. Cechowe zebrania kończyły się bijatykami, więc tysiąc Japończyków z aparatami naprawdę nie narusza powagi miejsca bardziej, a jednak...

Specjalnie wyjechałem z hotelu godzinę wcześniej, żeby przed pociągiem do Berlina obejrzeć katedrę. Wszedłem przez wejście w transepcie, usiadłem w ławce w nawie głównej i pytam sam siebie: dlaczego nic? Nie wiem dlaczego. Albo może wiem.

Bardzo się zasmuciłem, więc poszedłem na szklaneczkę kölscha.

* * *

Sobota wieczór. Jadę na Kreuzberg. Chcę popatrzeć, jak miasto daje w palnik. Chcę być świadkiem scen dantejskich.

Wysiadam na Warschauer, kupuję w budce fajki i piwo, żeby wypić piwo przed kolacją oraz żeby za bardzo nie odstawać z tłumu, bo z piwem w łapie kroczy tu dumnie emerytka i krawaciarz, starzec i młódka. Przy pierwszym papierosie przypominam sobie, że w zasadzie smakują mi tylko djarumy. Przy drugiej próbie rezygnuję, oddaję paczkę pierwszemu napotkanemu menelowi. Zapala od razu i też wygląda, jakby mu nie smakowało.

Na stolikach pod tureckimi knajpami kuli się parę osób, bo niby ciepło, więc na zewnątrz, ale chłodno. Pod hindusem pełno. Siadam pod pakistańcem. Obok rodzina z dziećmi nastraja mnie pesymistycznie w kwestii oczekiwanej sodomy z gomorą. Przy kolejnym stoliku rasowe panczury. Irokezy na sześćdziesiąt centymetrów. Piją mango lassi. Ja popijam piwem jagnię w szpinaku. Panczury zamawiają pełen przegląd kuchni indyjskiej i pakistańskiej. Wypytują pakistańskich kelnerów: A to co jest? A to z czym? Kelner cierpliwie tłumaczy. Panczury się wymądrzają. Co się stało z tym światem?

Panczury występują tutaj w różnych podgatunkach. Jeśli idzie stadko w pasiastych spodniach, to wszyscy mają pasiaste spodnie i irokezy w tęczę. I całkowicie ignorują drugie stadko całych na czarno i z czarnymi irokezami, i z naszywkami Motörhead. Podobnie jak tych w kaszkietach, flyersach i z szelkami na tyłku i żyletkami w uszach. Zdaję sobie sprawę, że każdy z podgatunków ma jakąś nazwę i zapewne jakiś zestaw komunałów dla poparcia tej nazwy i uzasadnienia własnej odrębności, ale gówno mnie to obchodzi. Na chodniku dalej siedzą punki bardzo brudne i bardzo zmęczone, i bardzo z Polski. Żebrzą. Nie daję ani grosza, chociaż zwykle daję. Ale nie dziś.

Myślę, że kupiłbym sobie skręta, ale jakoś nikt nie sprzedaje. Pewien chłopiec w parku wygląda, jakby może sprzedawał. Pytam nieśmiało. Ucieka, przerażony. Jestem debilem, który nie potrafi kupić skręta na Kreuzbergu. Na Saharze nie znalazłbym piasku.

W knajpach pusto. Pod dwoma większe grupki brodatych chłopaczków zanudzają zblazowane dziewczyny intelektualnymi rozmowami w pięciu językach. Na ścianie plakat: „Sure, everyone talks about Zeitgeist. But Weltschmerz is the real hero".

Wchodzę do najpaskudniejszego szynku, jaki udało mi się znaleźć. Okazuje się koktajlbarem. Pusto. Przy barze para siedemdziesięciolatków o wyglądzie zaawansowanych alkoholików degustuje grappy. Nie uchlewają się w trupa, apokaliptycznie, tylko właśnie, degustują grappy i dyskutują o tym zawzięcie z barmanem. Jestem przerażony. Zamawiam. Barman, przyrządzając koktajl dla mnie, żongluje szklankami. Jestem smutny. Wypijam, płacę dziesięć euro pięćdziesiąt centów, w drogę.

Klub. Dudni. Na bramce ostra selekcja: bramkarz wielkości postawionego na sztorc pick-upa próbuje wciągnąć do środka każdego przechodnia, ale niestety wymykają mu się potencjalni klienci z wielkich łap. Zaglądam. W środku przy barze pięć smutnych dziewcząt. Odstawione. Czekają, co się jeszcze może wydarzyć, ale czekają już bez nadziei. Zmarnowały się sukienki, makijaże. Stoliki prawie wszystkie puste, przy jednym trzech koleżków nad trzema małymi piwkami naradza się, jak uderzyć do pięciu smutnych dziewcząt przy barze. Na parkiecie kołysze się chudy poroborek w czapce, w rytm swojej własnej, wewnętrznej muzyki, bardzo rzewnej i delikatnej, nie w rytm tego, co dudni z głośników. Dalej nie wchodzę.

W przejściu podziemnym dwóch rewelacyjnych panów rewelacyjnie wali w dwie perkusje. Tańczą dziewczyny: dwie wielkie, cudowne sześćdziesięciolatki w białych T-shirtach założonych na kurtki, pewnie jakaś firmowa impreza. Kołyszą się ogromne biusty i tłuste biodra, między nimi prawie nie dotyka ziemi jakaś malutka nastolatka w zielonej koszulce na ramiączkach, tańczy, jakby napełniali ją Duch Święty i Belzebub jednocześnie, jakby walczyły w niej niebiańskie i piekielne legiony, to znaczy całkiem fajnie. I oczywiście obowiązkowy chudy poroborek z brodą i w czapce też jest, nie ten sam co w klubie, ale taki sam. Sześćdziesięciolatki patrzą na poroborka kpiąco, kiedy próbuje się przystawiać do nastolatki, ta go wcale nie widzi.

Fajnie, ale na mnie już czas. W budce kupuję trzy piwa. Chcę kupić dwa, ale turecki sprzedawca chce mi sprzedać cztery, negocjujemy, osiągamy kompromis, kupuję trzy. Za to gratis dostaję dwie maleńkie buteleczki obrzydliwego likieru. Piję piwo w pociągu.

Do Wannsee czterdzieści minut, wypijam dwa.

* * *

Na Savignyplatz siadam w pierwszej lepszej kawiarni, byle na słońcu. Jest wiosna. Ciepło. Naprawdę jest wiosna. Na stolikach białe obrusiki. Zamawiam wino. I sznycel. Po torach nad placem z hukiem sunie pociąg za pociągiem: S-Bahn i smukłe, międzymiastowe ekspresy. Przechodzące dziewczyny odsłaniają ramiona. Niezwykle przystojny, szczupły Hiszpan o urodzie hrabiego Orgaza (ale jeszcze za życia) rozsiada się nieopodal z gitarą i gra *Nothing Else Matters*, *Hotel California* i *Spanish Caravan*. Gra z wielkim zapałem i tak, jakby na kurs zapisał się już całe trzy miesiące temu, ale co tam, kiedy w sposób nieznoszący sprzeciwu podchodzi z kapeluszem, daję mu pięć euro; należy mu się, bo jest przystojny, bo jest wiosna i ciepło, i dziewczyny odsłaniają ramiona.

Piję trzeci kieliszek wina. Jem sznycel. Przy stoliku obok dwie eleganckie Niemki około siedemdziesiątki omawiają szczegółowo życie erotyczne swoich dzieci i wnuków, nie szczędząc żadnego szczegółu. Dzieci wydają się o wiele bardziej rozwiązłe niż wnuki, z tego, co rozumiem, chociaż staram się nie rozumieć.

Naprzeciwko mnie siedzi niewielki, pyzaty i otyły człowiek, ma dwa sygnety, pasiastą koszulę, której kołnierzyk krępuje seledynowa muszka na gumce, paski koszuli są zaś granatowo-żółte. Długie, chociaż przerzedzone włosy koloru bruku rozdzielił przedziałkiem na środku głowy. W ciągu pół godziny człowiekowi-komedii rzuciły się na szyję już trzy dwudziestoletnie piękności, każda wyższa od niego o głowę (wiem, bo ze znudzoną uprzejmością wstawał, kiedy podchodziły), każda z nogami do samego nieba, i właśnie podchodzi czwarta, i tę człowiek-komedia wspaniałomyślnie zaprasza do stolika, i pociągając swoje campari na lodzie, pozwala jej szczebiotać i dotykać się po pozbawionym nawet wspomnienia zarostu policzku.

Zamawiam kolejne wino. Zapalam drugiego papierosa. Dwójka wietnamskich urwisów w wieku moich synów włazi na maskę drogiego samochodu i bawi się wycieraczkami, póki nie ściągnie ich przerażona matka i nie zabierze z powrotem na trawę, gdzie cała rodzina rozłożyła się na piknik.

Pyzaty człowiek małym palcem wskazuje kelnerce, że campari się skończyło. Patrzę w niebo. Wszyscy umrzemy, ale wcześniej można posiedzieć przy białym winie na Savignyplatz.

* * *

Śnił mi się lew, wielkie, płowe bydlę o ciemnej grzywie, i to był mój lew. Wyprowadzałem go na spacer, na karku miał czerwoną obrożę i prowadziłem go na grubej smyczy. Był to chyba ten sam lew, który podąża za moim synem i strzeże go, ale mnie nie strzegł.

Szliśmy przez pola, na których rozlewała się woda, jak delta arktycznej rzeki, rozplatające się i splatające strumienie, grunt jednak nie był grząski. Patrzyłem na wielkie łapy i potężny pysk i wiedziałem, że w każdej chwili może mnie pożreć. Jeśli tylko zechce. Rozważałem, czy na spacery z nim nie powinienem zabierać pistoletu, ale doszedłem do wniosku, że to na nic.

Lew szedł spokojnie przy nodze, człapał ciężko, leniwie, kołysał się, pod skórą na grzbiecie przewalały się mięśnie i co chwila podnosił łeb, patrząc na mnie z ukosa. Zrozumiałem, że czeka na właściwy moment i właściwe miejsce. I że dlatego idziemy na spacer, znaleźć to miejsce i czas. Więc szliśmy.

Mijali nas ludzie wracający z prac polowych, mieli słomkowe kapelusze, na ramionach nieśli grabie, motyki i łopaty.

— Jaki piękny lew — mówili.

* * *

Dzwonię do bramy. Nikt nie otwiera. Trochę się niepokoję. Wdrapuję się przez płot, jak dzieciak, dzwonię do domu. Mój dziewięćdziesięciooczteroletni staroszek otwiera, zaskoczony.

— Czamu furtki niy otwiyrŏcie? — pytam ze zdziwieniem.

— Bo suchōm *Traviaty*, synek. To niy otwiyrōm.

No tak. Wchodzę. Moja starka najpierw mnie nie poznaje, potem przypomina sobie, kim jestem.

— Dugo żeś bōł we tym Berlinie?

— Miesiōnc.

— Jo tyż bōła miesiōnc. We Charlottenburgu. U ujka Ericha. Bez wojnã. W sztyrdziestym piōntym.

— No wiem.

— Ujek bōł we straży. Lōtōł yno po dachach jak Amerykōny bōmbardowali i to gasiył. Ôn miōł ta baba ze Bajerōw i ôna mu padała, aże tego niy strzimie, coby sie conoc yno martwić, aże ôn sleci z tego dachu i sie zabije.

— I co?

— I go ôstowiyła. Pojechała do matki tam kajś. Do München możno.

— A ujek Erich?

— Dalyj durch yno lōtōł po tych dachach i gasiył. Ôdbudowali to już? Wszystko bōło spolōne.

— Odbudowali. Wszystko pięknie odbudowali — odpowiadam.

Starka kiwa głową. Staroszek z żalem wyłącza *Traviatę*. Siedzimy w milczeniu.

— Dobrze ci idzie, synek? — pyta staroszek.

— Dobrze.

Staroszek kiwa głową, zadowolony.

— Adaśku, a Szczepōn to już wrōcił ze tego Berlina? — pyta mnie babcia. — Bo jo tyż tam bōła. U ujka Ericha. Bez wojnã.

Staroszek, zasmucony, patrzy na swoją żonę. Tłumaczę. Starka już nie słucha.

* * *

Trzy długie stoły, w knajpie dają hamburgery i alko, tak że zamawiam alko. Siadam przy stole pustym. Pozostałe dwa też puste. Jednak urocza para Brytyjczyków uznaje za stosowne przysiąść się oczywiście naprzeciwko mnie. Dlaczego? Nie wiem, może dlatego, że są Angolami i zbiorowa ich świadomość postanowiła przypomnieć pisarczykowi, iż najbardziej na świecie nie lubi właśnie Angoli. Siadają więc. Hałaśliwie żądają menu po angielsku, hałaśliwie je komentują, hałaśliwie żrą swoje hambaksy i hałaśliwie siorbią piwo. Następnie hałaśliwie wyciągają telefony. Płci prawdopodobnie żeńskiej połowa pary angielskiej stwierdza, że córka napisała. Czytają. Naprawdę, nie chcę ich słuchać, chciałbym, żeby od razu umarli albo przynajmniej poszli sobie, ale zamierzam skończyć swoje wino, zanim pójdę. To kwestia honoru. Nie porzuca się wina nawet mimo Angoli. Więc słuchać muszę. Córcia podróżuje po Afryce, jak dowiaduję się natychmiast. I czasem przysyła rodzicom esemesa. To właśnie ten moment. Matka pokazuje esemesa ojcu. Ten kiwa łysym łbem, w zadumie.

— I hope she won't get AIDS — mówi baba.

— You don't think that she... — urywa chłop.

— That fuckin' little slut? She's gonna fuck every black boy she's gonna meet — odpowiada baba.

Pan Anglik ma zmartwiony wyraz twarzy. Bardzo. To jego córunia w końcu. Chciałby coś powiedzieć. Ale nie mówi. Lubię go już jakby trochę bardziej.

Od razu przypominam sobie, jak dziesięć lat temu zadzwoniłem do mojego taty, przerażony. Właśnie wróciłem do Pekinu po kilku dniach spania na dziko, na murze, gdzie wytrząsaliśmy skorpiony z butów, ale rzecz w tym, że coś stało mi się z uchem, które spuchło i zaczęło odstawać bardziej, niż Urbanowi odstają, ale tylko jedno, kanał uszny się zamknął, spuchła mi również połowa głowy i bolało tak, jak nic nigdy w życiu nie bolało mnie ani wcześniej, ani później. Jakby ktoś mi wkręcił łeb w imadło. Wyłem. Pojechaliśmy do szpitala, chiński doktor stwierdził, że mam guza mózgu i trzeba zrobić tomografię.

— Brejtumor, brejtumor! — powtarzał.

A tomografia kosztuje baaaardzo dużo dolarów. No więc zadzwoniłem do taty, coś tam kwiliłem przerażony w słuchawkę, a tata oczywiście od razu wysłał pieniądze, a potem szybko okazało się, że to tylko zapalenie ucha i wystarczą antybiotyki, rachunek i tak był wielki, ale wystarczyło.

Wypiłem wino, idę sobie. Czuję się bardzo pomiędzy. Pomiędzy Angolem, który martwi się swoją little slut, moim tatą, który dziesięć lat temu dowiedział się od syna idioty, że tenże idiota w Pekinie ma guza w mózgu i potrzeba mu kasy na tomografię — pomiędzy nimi a samym sobą, bo ile lat jeszcze, zanim mój syn zadzwoni z jakiejś Boliwii albo Namibii i powie, że no tego, tata, nic w sumie się nie stało, ale jest pewien problem delikatnej natury...?

* * *

W Babilonie nad Menem dzień zaczynam od kawy z widokiem na katedry Mammona. Wczoraj „Lesung" na trzydziestym którymś piętrze jednej z tych katedr, w sali konferencyjnej jakiejś wielkiej kancelarii adwokackiej. Przed spotkaniem patrzymy w dół z miłą panią, która będzie tłumaczyć niemieckim słuchaczom moje niewątpliwie inteligentne i interesujące wypowiedzi na temat książki, którą chce mi się rzygać. Opowiada mi o sławnym zdjęciu toalety na szczycie jednego z tutejszych wieżowców, w której banksterzy mają pisuary na szklanej ścianie i tak sobie leją ciepłym moczem na uwijające się kilkaset metrów niżej ludzkie mrówki.

Mimo wzmagających się we mnie w takich miejscach nastrojów bolszewickich dobrze ich rozumiem, bo miłuję rodzaj ludzki raczej trudną miłością. Następnie lotnisko oraz alarm bombowy na lotnisku. Ganiam z jednego miejsca w drugie.

Dziarski Niemiec nadaje na bagaż wózek inwalidzki swojej żony i dla żartu proponuje, że nada go razem z zawartością, czyli żoną. Śmiechom nie ma końca, gdy udaje, że podnosi przerażoną kobiecinę i stawia na wadze.

Palacze zamknięci w szklanych akwariach ciągną swoje cygarety ze wstydem, wzrok wbity w podłogę, brakuje im tylko śmiesznych czapek i zawieszonych na szyi karteczek z napisem: „Jestem słabym, godnym pogardy nałogowcem i narażam budżet UE na straty". Korona stworzenia gromadzi się w krętych kolejkach ograniczonych niebieskimi taśmami, pracownicy lotniska zaganiają koronę do tych zagród jak kowboje swoich podopiecznych.

* * *

Nie jestem pewien, o której sztuce Szekspira, i nie jestem pewien kto, ale to chyba o *Tytusie Andronikusie* mówiono, że gdyby miał jeden akt więcej, to reżyser musiałby z braku żywych postaci wyrżnąć pierwszy rząd widzów. *Lód* w reżyserii Bogomołowa w Teatrze Narodowym sprawił, iż obawiałem się czegoś idącego w odwrotną stronę: że po uśpieniu widowni ciągnącym się jak przemowa Castro i równie pasjonującym, półgodzinnym chyba monologu Radziwiłowicza, wydudnionym terapeutycznym głosem w takt zrelaksowanej muzyki, zasną również aktorzy, potem oświetleniowiec, makijażystki, bileterki i fala snu wyleje się na plac Teatralny, a dalej usną brodaci chłopcy w rurkach i wytatuowane dziewczyny w Resorcie, usną zmęczeni key accounci w Miasteczku Wilanów, usną normalni ludzie na Grochowie i w Białołęce, premier zwoła sztab kryzysowy i rozpocznie orędzie do chrapiącego narodu, podczas którego zaśnie, zanim zdąży powiedzieć, że to wina Kaczyńskiego, zasną nowi europosłowie podczas kontemplacji możliwych opcji wyposażenia nowej klasy S, zasną górnicy w Zabrzu i rybacy w Kołobrzegu, potem zaś swój monolog rozpocznie histeryczna Stenka i kraj zbudzi się, albo raczej otworzy jedno oko jak po drażniącym sygnale esemesa, którego nie warto czytać, i zaraz zaśnie dalej. Z dobrych stron przedstawienia: „Śmierć to najlepsze, co wam się zdarzy w życiu", wyświetlone na zakończenie, to naprawdę dobra puenta i można to odczytać jednocześnie na serio i sarkastycznie.

* * *

— Jesteśmy takim nieszczęśliwym pokoleniem — mówi Ewa. Moja siostra.

Siedzimy w mojej kuchni. Pijemy kawę i jemy jajka na miękko. Dzieci biegają po trawie, daleko. Cztery maleńkie jasnowłose figurki dwieście metrów od nas.

— Myślisz, że całe pokolenie jest nieszczęśliwe? — pytam.

— A znasz kogoś...? — odpowiada Ewa.

Myślę o moich mniej więcej rówieśnikach. Każdy niesie swoje. Coś. Samotność. Obojętność. Wewnętrzną śmierć. Poczucie niezrealizowania. Pieniądze, to znaczy ich brak. Obowiązki. Dzieci. Brak dzieci. Spieprzone małżeństwa albo ciągły brak stabilizacji. I zawsze tęsknota, za czymś. Za czym? Zawsze za czymś innym. Życie jest gdzie indziej. Zawsze.

Myślę też o tych, którzy głośno i chętnie mówią o swoim szczęściu. Ilu takich znam? Niewielu. I są irytujący bardziej niż niepijący alkoholicy z poczuciem misji, którzy poza tym są przecież absolutnie najgorsi.

— Tak na serio to chyba nie — odpowiadam.

Gadamy chwilę o tym, co to w ogóle znaczy być szczęśliwym. Nie dochodzimy do żadnych mądrych wniosków. Nie jesteśmy przesadnie mądrzy. Kawa nam się skończyła.

— Byłam u dziadka — mówi Ewa.

— No.

— Opowiadał, że tak nam współczuje, że musimy żyć w takich czasach. Ja mu na to, że no bez przesady, przecież on przeżył wojnę.

— No właśnie — potakuję. — Im przecież było tysiąc razy ciężej. Do nas nikt nie strzela, nie zamyka nas do obozów, nie musimy uciekać i tak dalej.

Ale przecież wiem, że dziewięćdziesięcioczteroletni Jorg jest mądrym człowiekiem o jasnym umyśle. Nie ubolewa nad upadkiem obyczajów, niczym się nie oburza, niczym nie przejmuje, niewieloma rzeczami wzrusza, bardzo wiele widzi, a to, co widzi, rozumie. Nie o upadek obyczajów idzie.

— No, dziadek powiedział, że wtedy życie było ciężkie, ale proste. A nasze jest lekkie, ale skomplikowane.

— Albo nam się po prostu w dupach poprzewracało — wątpię trochę.

— Może. Ale dziadek tak czy inaczej powiedział, że nam bardzo współczuje. Że by się nie zamienił.

— Dziwne.

— No.

Puenty nie ma.

* * *

Wyobrażam sobie, jak mój ponury przyjaciel Orbitowski wsiada w Gdańsku na pokład samolotu, który ma zawieźć go do Malmö.

Stoi w kolejce do lotniskowego autobusu, koszulka na ramiączkach, dresowe spodnie, potężne bicepsy, na przedramieniu tatuaż z nosorożcem, twarz skrzywiona smutkiem, stoi na płycie i pociąga elektronicznego papierosa, ludzie wspinają się po schodkach do samolotu powoli i niezdarnie. Szerokie usta Łukasza wygięte w grymas niesmaku, kiedy usadza swoje muskularne ciało na wąskim fotelu obok jakiegoś irytującego gastarbeitera albo obok irytującej damulki, albo obok irytującego Szweda czy Duńczyka, wszyscy od dawna martwi.

Łukasz zapina pas. Łukasz wyciąga z plecaka komputer, na którym grubymi paluchami pisze to, co po nim zostanie. Powieść, scenariusz albo artykuł do gazety. Garbi się nad ekranem. Łukasz jest wkurwiony. Samolot startuje. I wtedy w powietrzu zawieszony Łukasz zdaje sobie sprawę, że jest człowiekiem bombą. Jest żywą bronią, którą przemycił na pokład samolotu. I że to musi się wreszcie skończyć.

Łukasz przepycha się pomiędzy fotelami, zgłasza stewardesie, iż na pokładzie jest bomba — on sam — i żąda, aby samolot poleciał do Vegas, gdzie Łukasz zamierza pójść śladami Huntera S. Thompsona. Stewardesa każe Łukaszowi wrócić na miejsce i grozi policją. Pani mnie nie rozumie, nie jestem wariatem, jestem bombą, mówi Łukasz. Jestem żywą bombą. Lecimy do Las Vegas. Stewardesa traci na chwilę profesjonalny dystans i śmieje się Łukaszowi w twarz.

No, skoro tak... Już za późno, by się wycofać.

Łukasz zaciska zęby i napina mięśnie, i zamyka oczy, silne ciało Łukasza drży, pęcznieje, stewardesa krzyczy przerażona, ale już za późno.

Łukasz eksploduje w wielkiej kuli ognia i cała wcześniej zgromadzona w nim energia rozrywa samolot, rozdziera na tysiąc kawałków. Strzępy blachy i poszarpanych ciał, i wybebeszonych walizek z luku bagażowego, ciągnąc za sobą smugi dymu, spadają do Morza Bałtyckiego.

* * *

Samczyk dzierzba (*Lanius collurio*) siedzi na zeschniętej tyczce zielska wyrastającego z gęstego morza seledynowej trawy i fioletowej wyki i ugina się pod panem dzierzbą ta wątła tyczka. Pan dzierzba zawsze siedzi wyprostowany, jakby był co najmniej jastrzębiem, a nie mikrusem niewiele większym od wróbla. Samicę widać rzadziej. Zastanawiam się, czy to ta sama para co w zeszłym roku. Lubię dzierzby. Niewielki ptak z drapieżnym dziobem, mało lata, dużo siedzi i rozgląda się za dużymi owadami, małymi jaszczurkami, żabami i myszami. Gdzieś niedaleko musi mieć spiżarnię, ciernisty krzak, na którego ciernie nabija swoje ofiary, na później; szukałem, ale nie znalazłem, a szkoda, chciałem to zobaczyć.

Sarny na lato zupełnie zrudziały, zniknęły im lustra pod ogonem, przewracają mi ogrodowe krzesła.

W domu mam myszy.

Jelenie — same byczki, żadnej łani jakoś nie widziałem — nocami hałasują blisko domu, a w dzień stadko z omszałymi jeszcze scypułem porożami dewastuje pole żółknącej pszenicy pod lasem. Podglądam łobuzów przez lornetkę, póki mi się nie znudzi, czyli krótko podglądam, bo co mnie w zasadzie interesują jelenie i ich łobuzowanie.

Wysoko nad polami para kruków, powolne kręgi, czasem słychać ich krzyki.

Lubię tę myśl Ryma o jeżach, które kiedyś będą sobie opowiadać historie o nas, jak już nas szczęśliwie nie będzie. Jeśli oczywiście nie będą miały jakichś ważniejszych, jeżowych historii do opowiedzenia.

* * *

W wagonie bezprzedziałowym klasy pierwszej kobieta z wielką walizką, w wielkich ciemnych okularach, zza których oczywiście i tak widać wielki krwawy siniec na czole. Wydaje się odurzona, ale chyba nie alkoholem. Jakieś leki. Konduktor żąda biletu, a ona, poruszając dłońmi jak w zwolnionym tempie, otwiera torebkę i szuka.

— Mam ten bilet, proszę pana — bełkocze. — Mam ten bilet. Mam ten bilet. Mam gdzieś ten bilet, naprawdę, proszę pana, naprawdę mam gdzieś ten bilet, gdzieś go mam, kupowałam, mam gdzieś ten bilet. Mam ten bilet.

Mówi szarym głosem, jakby szeptała modlitwę. Konduktor czeka cierpliwie. Kobieta znajduje bilet zmięty jak niepotrzebny paragon. Rozprostowuje go, podaje, konduktor sprawdza, dziękuje uprzejmie. Kobieta prawie kładzie się na fotelu, bose stopy kładzie na samym szczycie oparcia przed nią.

Ma około czterdziestu lat. Jest jednocześnie zadbana i zaniedbana. Droga walizka, droga torebka i drogie okulary, i przetłuszczone włosy. Uroda kiedyś była, ale minęła. Nie patrzę na nią, nie chcę urazić jej badawczym spojrzeniem i specjalnie, wyjątkowo dla niej, odrzucam wszystkie historie, jakie rodzą mi się z koniunkcji siniaka, okularów, drogiej walizki, odurzenia i smutku wielkiego jak czarna dziura, która pożarła galaktykę. Nie chcę jej wymyślać.

Idę do restauracyjnego, pociąg jest czeski, więc piję gambrinusa i piszę powieść. Po trzech kwadransach przychodzi kobieta z siniakiem. Siada przy stoliku obok, zamawia kawę i małą buteleczkę wina. Kawy nie dotyka, duszkiem wypija wino, zamawia drugie, wypija, zamawia trzecie, wypija. Odbiera telefon i mówi z kimś po śląsku, z matką chyba, po śląsku, ale innym dialektem niż mój domowy. Rozmawia bardzo głośno i zapewnia, że wszystko jest w porządku, wszystko jest okej, chociaż przecież widać, że nie jest. Jej dialekt podobny jest jakoś do śpiewnego, mazurzącego górskiego śląskiego z Koniakowa czy Istebnej, który pamiętam z zimowych ferii w latach osiemdziesiątych, ale tylko podobny, bo jednak słychać w nim też moje rodzime dialekty podgliwickie. Może Skoczów? Cieszyn chyba nie. Czwarte wino. Piąte wino.

Wracam do wagonu. Okazuje się, że nie ma mojej aktówki, w której iPad, nowe okulary, ładowarki do komputera i telefonu. Klucze do warszawskiego mieszkania. Komputer z nową powieścią miałem przy sobie w wagonie restauracyjnym. Powieść zresztą zapisuje się również w chmurze, na wypadek takich właśnie sytuacji. Ale jak to nie ma aktówki? Przecież między Zawierciem a Zachodnią pociąg nie ma żadnych postojów! Tylko dlatego zostawiłem, miejsca mam w pierwszym wagonie za lokomotywą, dalej restauracyjny, więc gdyby ktoś zabrał, to musiałby przejść z tą moją torbą obok mnie. W bezprzedziałowym wagonie oprócz mnie trzech ludzi, licząc panią z siniakiem. A nie, wróć, był postój techniczny. Dobrzy ludzie z wagonu informują, że jakiś menel zwinął i zwiał w czasie rzeczonego postoju technicznego. Świetnie. Gdyby mu się to jeszcze przydało do czegokolwiek… iPada sprzeda za parę stów, ale reszta? Świetnie. Trochę jestem roztrzęsiony. Idę zgłosić kradzież kierownikowi pociągu, nie wiem po co w sumie, ale idę.

Idę, po drodze muszę przejść przez wagon restauracyjny. Tam kobieta z siniakiem siedzi na podłodze, zaraz obok swojej wielkiej i drogiej walizki. Dookoła niej trzech konduktorów. Boją się jej dotknąć, pytają, czy mogą jakoś pomóc, kobieta nie reaguje. Wydaje mi się na początku, że potakuje, ale tylko potrząsa głową jak przy chorobie sierocej. Mamrocze coś do siebie. Na Zachodniej przyjeżdża po nią pogotowie. Pociąg z tego powodu opóźnia się o kwadrans przed Centralną, więc nie czekam dłużej, wysiadam na Zachodniej, idę na taryfę. Nie wiem, co dalej stanie się z kobietą i jej siniakiem, ale przecież tak naprawdę właśnie wiem, bo wszyscy wiemy, co się z nią stanie.

— Nie jesteś obywatelem rzeczywistości — mówi mi kolega serdeczny podczas nocnego spaceru. Pozostaje mi się tylko zgodzić. Idziemy z jednego placu na drugi, palimy, mokniemy. W pustym barze pewien sympatyczny artysta przeżywa swój triumf, przyjechał właśnie z miejsca, w którym jego dzieło nagrodzono statuetką, postawił dwa litry, pijemy absoluta z sauerem do toastów, które wznosi. Patrzę na niego z przyjemnością, dobrze patrzeć na człowieka, który triumfuje. Dzięki Bogu, jest głośno, wszyscy się śmieją i krzyczą, dumni ze wspólnego sukcesu, więc nie muszę rozmawiać. Wypijam kilka wódek, idę spać.

Nie jesteś obywatelem rzeczywistości. Nie jesteś obywatelem rzeczywistości.

* * *

Śniło mi się, że podróżowałem przez świat Waliszewskiej, a na drugim ekranie z jakiegoś powodu śledziłem rozmowę na facebookowym czacie: rozmawiał tam o mnie z kimś mój przyjaciel, i byłem oburzony tą rozmową, ale jednocześnie dostrzegałem w niej jakąś prawdę o mnie samym i nie podobała mi się ta prawda.

Nie mogłem jednak śledzić tego dialogu, gdyż podróżowałem przez świat Waliszewskiej i musiałem się strzec bladych dziewczynek, gigantycznych kotów i nietoperzy. Krążyły niedaleko. Żałowałem, że nie wziąłem ze sobą pistoletu. Krajobraz był szary, a drzewa były czarne. Idąc, brodziłem w szarym, ciężkim popiele, czasem zapadałem się po kolana. Szukałem mojego syna, ale nie wiedziałem którego. W końcu spotkałem jednego z nich, tyle że był już dorosły i dalej nie wiedziałem, który to. Był pięknym, jasnowłosym młodzieńcem i powiedział: „Wybacz, tato, nie mam czasu, walczę ze ślimakami". I walczył. Ślimaki były wielkie jak samochody, ale powolne, więc radził sobie znakomicie, w popiół spadały ciężkie płaty mokrego, ślimaczego ciała, kiedy rąbał je na kawałki.

Ola Waliszewska krzyczała, że mam się wynosić, bo nikt mnie tu nie zapraszał. Waglewski śpiewał: „Weź mnie nad rzekę, synu, a moje książki spal".

Biegłem.

Wpadłem na pradziadka, siedział na jakiejś skrzynce w szarym mundurze gefrajtra 22. pułku piechoty, palił papierosa za papierosem, dłubał w ziemi bagnetem i pytał mnie, dlaczego mu, kurwa, zmieniłem nazwisko w książce, przecież wcale nie nazywał się Magnor, nie walczył na froncie zachodnim, nie był na wzgórzu 165 ani pod Lens, tylko stacjonował pod Rygą, i nie wrócił na Śląsk w 1918 roku, tylko wcześniej, w 1917, i nie zrobił tych wszystkich rzeczy, o których napisałem w *Drachu*, i że to jest, kurwa, niedopuszczalne i że będę miał o to proces, a poza tym ta powieść i tak jest do dupy.

Z tą myślą zasiadłem rano do pracy.

* * *

Gumilow pisze, że rosyjskie „wriemia" — czas — mają rdzeń wspólny ze słowami „wiertiet'" — kręcić, obracać — i „wiertieno" — wrzeciono. To w ogóle stare słowiańskie słowo, w czternastowiecznej polszczyźnie używano słowa „wrzemie". Etymologie (nawet fałszywe) nadają słowom głębi i przydają sensów. Słowa zaczynają się mienić, a zdania nabierają ciężaru.

Agata Bielik-Robson uważa, jeśli dobrze rekonstruuję jej przekonania, że czas kołowy należy do porządku natury, z którego wyzwalają nas po kolei: hebrajskość, chrześcijaństwo jako mutacja tejże i lewicowość jako mutacja chrześcijaństwa (transhumanizm może też?), które wszystkie opierają się na wierze w czas liniowy — ten zaś jako jedyny dopuszcza zmianę, postęp, wyzwolenie. Przebóstwienie człowieka? Odkupienie?

Nie podzielam tej optymistycznej w istocie i głęboko humanistycznej wiary, chociaż bardzo chciałbym. Bielik-Robson nienawidzi Eliadego; ja wręcz przeciwnie. Wybór między „wrzemieniem" a czasem wydaje mi się kluczowym wyborem drogi myślenia i konceptualizowania sobie człowieka, kultury, dziejów — całej w ogóle antroposfery. Życia.

* * *

Lizbona. Starzec wchodzący do hotelowego basenu. Przystrzyżony siwy wąs jak order za dawno zapomniane wojny. Powaga? Raczej obojętność. Zaczesane do tyłu siwe włosy, przerzedzone, lecz jeszcze nie łysina, mimo osiemdziesiątki na karku.

Elegancki przedziałek. Na szyi medalik na złotym łańcuszku. Ciało szczupłe, lecz starczo nalane, nabrzmiałe, bardzo opalone, skóra ciemna i błyszcząca od olejku. W basenie obok niego, lecz nie z nim, dziewczyna młodsza od jego wnuczek; starzec patrzy na nią obojętnie, surowo. Dziewczyna go nie widzi. Starzec pływa: powoli, żabką, kilka ruchów, zatrzymuje się. Patrzy w słońce. Wychodzi z basenu, kładzie się na leżaku, nieruchomieje. Nie uśmiecha się ani razu, nawet do uwijających się w wodzie dzieciaków, smagłych i lśniących jak małe foki. Prawie go tu nie ma.

* * *

Bezsennej nocy dzienniki Máraiego, jakby w przeczuciu nadchodzącej katastrofy. Mam nadzieję, że fałszywym. Czytam pierwsze strony. Świat Máraiego skończył się właśnie wtedy. Całość zapisanych później dzienników to zapiski po końcu świata. Historia utraty.

Parę dni wcześniej, nocą na placu Zbawiciela z dwójką znajomych carpaccio z ośmiornicy i wino. Rozmawiamy o wojnie i obawiamy się, że przyjdą i zabiorą nam to carpaccio z ośmiornicy, wino, dokazującą na placu młodzież, tęczę i jej podpalaczy, wódkę w obleśnej knajpie na piętrze i pijackie spacery po mieście.

I wszystko inne, o wiele ważniejsze niż carpaccio i wino, wszystko, co można człowiekowi zabrać, z czego biologiczne przetrwanie nie jest najcenniejsze.

A jednak ciągle marzę o prostym świecie prostych wartości, w którym nie byłoby już pisarzy, artyści zaś malowaliby plemienne tamgi na wietrzejącym betonie.

Podchodzić jelenia w porosłych łęgiem kanionach dookoła Pałacu Kultury.

* * *

Wstaje w środku nocy.

— Co się stało?

— Boję się.

Tulę, ale wyślizguje się z moich uścisków.

— Bo ja się boję tak nieumiejętnie — tłumaczy.

Siadamy pod ścianą.

— Co to znaczy: bać się nieumiejętnie? — pytam.

— No bo można bać się umiejętnie i nieumiejętnie. Umiejętnie jest bać się czegoś. Potworów, ciemności albo złych ludzi, albo zwierząt drapieżnych.

— A nieumiejętnie?

— Nieumiejętnie jest bać się niczego. Tak po prostu się tylko bać.

— I ty się tak boisz niczego? Tak po prostu?

— No. Tak po prostu.

Milczymy.

— Ja też się czasem boję tak nieumiejętnie — mówię po chwili.

— Przecież wiem, tata.

Siedzimy jeszcze chwilę, potem wraca do łóżka.

* * *

Na początek dajemy sobie porządnie w dupę. Wejście na Fuglefjella, z poziomu morza piargiem na zupełnie skróconych kijach, wyżej w żlebie już na czworakach, wspinaczka po błocie i zmurszałej skale, po ruchomych, kamiennych usypiskach. Broń ciasno stroczona do plecaków, tu raczej miszki niet, więc dociążone nią plecaki ciągną nas w dół, odrywają od stromego stoku, jak diabły ciągnące dusze do wyrafinowanych piekieł.

Kamienie usuwają się spod nóg. Żywe zbocze. Metr albo dwa można zjechać, stojąc ciągle na tych samych kamieniach i tych samych dłońmi się czepiając. Czterysta pięćdziesiąt metrów przewyższenia na trzystu pięćdziesięciu metrach podejścia. Dwie godziny. Na górze śnieg.

Podobno jest łatwiejsza droga, trzecim, nie pierwszym żlebem od wylotu Bjørndalen, ale mam to gdzieś. Ja na Fuglefjella wchodzę tędy. Nowy na

Zimnych Wybrzeżach kolega nie wierzy, że można z własnej woli leźć tą drogą po raz drugi, skoro się raz weszło i się wie, jak to wygląda, no ale proszę, można i się w końcu włazi.

Potem jeszcze dwanaście godzin w śniegu i zejście nad brzegi zatoki Coles, z powrotem na poziom morza żlebem ciągnącym się jak przemówienie genseka. Ciężki jak sumienie plecak, mięśnie ramion zemdlałe, karabinu nie sposób nieść wygodnie, skoro ma być pod ręką, więc niesie się niewygodnie. I po co to wszystko? Wiadomo, że po nic. Że niczego z tego nie ma.

Na zmurszałej ławeczce przed Rusanowem siadam prawie bez czucia i przez kwadrans siedzę bez ruchu. Po kwadransie papieros i dwa łyki z manierki. Miód, cytryna, spirytus i kilka miesięcy. Mój tato zrobił. Dobre sześćdziesiąt procent.

Na drugim brzegu Isfjordu do morza schodzą lodowce. Powoli, ale schodzą, w tempie lodowcowym. Więc jeszcze dwa łyki i jeszcze jeden papieros. Jestem szczęśliwy i obojętny. Szczęśliwy, bo obojętny. Bardzo rzadko jestem tam, gdzie jestem, bo życie zawsze zdaje się znajdować gdzieś indziej, a teraz jestem tam, gdzie jestem, i nigdzie indziej. Patrzę. Nie medytuję, tylko patrzę. Zimno. Zapalam i gaszę benzynową zapalniczkę, zamykam w dłoni, rozgrzewa, znowu zapalam i gaszę, i zamykam.

Schną mi na grzbiecie dwie warstwy polaru i jedna rhovylu, shella zdjąłem, stygnę, marznę, ale patrzę i jeszcze tak posiedzę, nawet zmarznięty.

Nigdzie na świecie nie ma takiego krajobrazu. Jest w nim śmierć i wieczne trwanie, lód i czarny bazalt zmielony przybojem, wielorybie kości i niebieskozielone ściany lodu. To czyste pogaństwo, ten krajobraz.

„Biało-zielony bóg lodowców", tak o nim — podobno za Celanem — mówi Agata Bielik-Robson, a mnie się nawet nie chciało sprawdzić, tak mi się ten biało-zielony bóg lodowców podoba, chociaż Celanowi chyba się nie podobał, ale nie wiem, nie czytałem. Kawafisowi by się podobał, chociaż użyłby innej metafory, bo skąd w Aleksandrii lodowce... Byłby bogiem słońca i grzmotu, boginią ziemi i wilgoci, a tutaj biało-zielony w lodzie. Lepiej. Patrzy na mnie przez te trzydzieści kilometrów fiordu i boję się, że może mnie widzieć.

* * *

Swans na krakowskim Unsound — przeżycie nie tylko muzyczne, lecz również misteryjne. Piszę to ze świadomością, że brzmi to jak banał, wytarta fraza entuzjastycznych recenzentów — ale tak jest, machający rękami, plecami odwrócony do publiczności Gira bardziej przypomina kapłana niż frontmana, prowadzi raczej obrządek niż koncert i jest to czarny obrządek, chociaż na koncercie nie ma niczego poza muzyką. Paru starszych panów z instrumentami — poza podskakującym Girą całkowicie pozbawionych jakiejkolwiek pozamuzycznej ekspresji. I prawie żadnego kontaktu z publicznością, co doceniam bardzo. Muzycznie — dekonstrukcja, powtarzane setki razy erotyczne riffy, złamane rytmy, nakładające się na siebie kolejne warstwy hałasu, niknące tak nagle, jak się pojawiały, ślady melodii, wrzaski Giry.

Orbitowski uważa, że najbardziej satanistycznym zespołem w historii muzyki rozrywkowej było Army of Lovers, i pewnie ma rację. Więc czego dotyczy czarne misterium Swans — czego straszniejszego nawet niż wyszminkowany szatan Army of Lovers, nie mówiąc już o pociesznych blackmetalowych diabełkach jasełkowych. Myślę, że w ścianie hałasu Swans jest modlitwa do pustki, do wielkiego, czarnego Nic. Pogańskie modlitwy do bogów, którzy są tylko bożkami i być może podzielają nasz strach przed czernią oraz porządkiem natury. I w tym potwornie głośnym koncercie — jednocześnie rozkosz i przerażenie. W tej samej chwili.

Jadąc zaś na Swans, w samochodzie słuchałem *La Santissima Annunziata* Alessandra Scarlattiego. Nie wyobrażam sobie lepszego dla nich supportu niż czyste, matematyczne piękno barokowego oratorium.

* * *

Kilka dni temu w szpitalu w Siemianowicach Śląskich Łukasz Wasztyl zmarł w wyniku oparzeń odniesionych w wypadku na kopalni Mysłowice--Wesoła. Miał dwadzieścia sześć lat. Osierocił dwuletnie dziecko.

Nic więcej nie wiem o Łukaszu Wasztylu. Gdybym był dziennikarzem, to dowiedziałbym się o nim wszystkiego, dobrego i złego, napisał o tym i w ten sposób oddał mu sprawiedliwość. Jednak nie jestem dziennikarzem. Nie dowiem się o nim niczego więcej. Nie umiem i nie chcę pytać ludzi o pustkę, która im eksplodowała w życiu.

Sześćdziesiąt trzy lata temu, w roku 1951, w szpitalu w Knurowie mój dziadek Oskar Twardoch zmarł w wyniku ran odniesionych przy pracach strzałowych na kopalni Makoszowy. W ranę na piersi wdał się tężec, Oskar cierpiał, a kilka dni później umarł. Miał trzydzieści trzy lata. Osierocił dwóch synów, siedmio- i czteroletniego. Mniej więcej tyle lat mają teraz moi synowie, ja już jestem trochę starszy.

Oskar Twardoch nie dał się zabić Amerykanom w Holandii, za to dał się im wziąć do niewoli, dlatego przeżył wojnę. Łukasz Wasztyl nie zginął w wypadku samochodowym ani w żaden inny, właściwy naszym czasom sposób, dlatego przeżył nasze czasy. Żyli i już nie żyją. Śmierć jak śmierć.

Jak każda inna. Dlaczego o tym piszę? Młody człowiek, umierając, podobno traci więcej niż umierający starzec. To prawda, jednak owo „więcej" oznaczać może różne proporcje szczęścia i cierpienia, więc nie dlatego o tym piszę, nie dlatego, że obaj byli młodzi. Śmierć to śmierć, młody czy stary.

Piszę o tym z innego powodu. Ślązakom, oprócz ciężkiej i sumiennej pracy, której owoce zbierają inni, wychodzi tylko jedno — tajna historia mówiona. Ezoteryczne historie szeptane w czterech ścianach. Kolejne pokolenia wtajemniczane, kiedy przyjdzie na to czas. Historie o zabijaniu, o zemstach, o nienawiściach, o trupach, o których lepiej nie mówić, o gwałtach, o nas w roli ofiar i o nas w roli katów — te ostatnie o wiele rzadziej, i mniej chętnie opowiadane.

Piszę o tym, ponieważ chciałbym, byśmy byli czymś odrobinę więcej, niż jesteśmy. Piszę o tym, bo chciałbym, żeby nasza historia przestała być tajna i ezoteryczna. Zacznijmy od tego, co najprostsze. Chciałbym więc, abyśmy się nauczyli pamiętać nasze własne, specjalne metody umierania, nawet wtedy, kiedy już nas nie dotyczą. Mnie nie dotyczą. Na bardzo wiele sposobów mogę umrzeć i w jakiś sposób umrę, ale nie umrę raczej w podziemnym wybuchu metanu, ani nie umrę w wyniku robót strzałowych.

Jednak Łukasz Wasztyl tak właśnie umarł. Piszę o tym, bo z tych wszystkich ludzi, którzy tak sobie zwyczajnie zginęli w nasz specjalny sposób, chcę pamiętać dwa nazwiska, jedno bliskie, drugie obce, tyle samo oba warte i tyle samo obie śmierci warte.

Oskar Twardoch. Łukasz Wasztyl.

* * *

Dziewięćdziesiąte czwarte urodziny Jorga Dragi, mojego dziadka. Przyjeżdżam tylko na chwilę, mam redakcję nowej powieści do skończenia na jutro. Siedzę godzinę, tłumaczę się i zbieram do wyjścia.

— Ale żeś se zawōd wybrōł, synek. Je żeś niywolniykiym swoi własnyj roboty — mówi Jorg.

— Ja, ale lepi chyba swoi roboty, niż ôd kogoś cudzego być niywolniykiym — odpowiadam, jakoś tam dumny z własnej niezależności.

— Toć. Yno wiysz, cudzego poradzisz ôcyganić. Coś pokryncisz, jak już niy mōsz nic siyły. Jakoś się wymigōsz. A siebie ani swoi własnyj roboty niy ôcyganisz. Sōm żeś je swoim ôprōwcōm, synek. Tak żeś se wybrōł, tak mōsz. Sōm se nad sobōm ze batym stoisz i sōm sie zajedziesz, jak kōnia na grubie.

Nie jesteś obywatelem rzeczywistości. Jesteś niewolnikiem swojej własnej pracy. Chyba założę sobie notesik na takie proste prawdy, których nie dostrzegam, póki ktoś mi ich nie powie.

* * *

Kiedy byłem dzieckiem, śniłem koszmary o potworach i obozach koncentracyjnych z opowieści mojej babci. Sny były czarno-białe i w odcinkach. Bałem się zasnąć, bo zasypiając, wracałem do świata, w którym cała moja rodzina, wszyscy, których kochałem, tkwili zamknięci w barakach pełnych wychudzonych ludzi.

Dzisiaj śniły mi się dziki. Zaraz za oknem mojej sypialni dokazywała locha z warchlakami, buchtowały zawzięcie na trawniku, pilnowane przez dwa odyńce, upozowane niczym zwierzęta heraldyczne na tarczy herbowej. Nagle zauważyłem, że wyszedł do nich mój młodszy syn. Rzucał kamykami w większego odyńca, ten to ignorował, ale widziałem, że rośnie w nim bydlęcy gniew, spomiędzy wystających z ryja dziczych kłów szła para, oddychał coraz szybciej. A ja byłem za szybą.

2015

Chłopczyk ma cztery lata, prawie białe włosy i spodnie, które z brązowej wełny na drutach zrobiła jego babcia, oraz jasny sweterek, który przyszedł w paczce. Chłopczyk stoi w ogrodzie, w wysokiej trawie. To ogród jego dziadka.

W ogrodzie rośnie jabłoń.

Jabłoń ma szarobrązową korę, która brudzi dłonie na szaro, bo oblepiona jest spadającym z nieba pyłem, i brudzi też dłonie i ubrania na zielono, bo prócz pyłu w jej licznych pęknięciach i załamaniach układają się smugi zielonych porostów. Liście jabłoni brązowieją. Jabłka są duże, czerwone z jednej strony, zielone z drugiej, mają grubą skórkę, a pod nią zimny, soczysty miąższ. Na skórce jabłek warstewka pyłu, niewidoczna, ale wyczuwalna, kiedy jabłko ugryźć, matowa w smaku i zostawiająca ciemne smugi na buzi, kiedy miesza się z tryskającym przy ugryzieniu sokiem.

Jabłoń jest niska, zaraz nad ziemią wyrasta z krępego pnia gruby poziomy konar. Chłopiec obejmuje go najpierw ramionami, potem łydkami, podciąga chude, niewielkie ciało i już siedzi okrakiem na gałęzi; dłonie i łydki ubrudzone na szaro i zielono.

Wchodzi wyżej. Wyżej są jabłka. Zrywa jedno. Wyciera owoc o dresową tkaninę na chudej piersi gestem podpatrzonym dzień wcześniej u taty, który we flanelowej koszuli w kratę i wytartych dżinsach spiętych wojskowym paskiem, stojąc na drabinie, zbierał jabłka do płóciennej torby, a następnie przekładał je do skrzynki zbitej z cienkich sosnowych deseczek. Razem z dziadkiem zanosili skrzynki do blaszanego garażu zamykanego na kłódkę. Zamykając garaż, sięgnął do skrzynki po wielkie, czerwone jabłko. Wytarł o koszulę na piersi i zjadł.

Chłopiec też zjada jabłko. Sok ścieka mu po brodzie, plami sweter i dłonie. Boi się zejść z drzewa, więc nie schodzi. Siedzi na gałęzi. Chce mu się sikać i w końcu nie wytrzymuje. Na wełnianych spodniach pojawia się znana plama ciepłej wilgoci. Chłopcu jest smutno i zimno. Woła mamę. Mama nie słyszy, dom dziadka jest daleko. Chłopiec płacze. Próbuje sam zejść. Boi się. Patrzy w dół. Za wysoko.

Wtedy widzi ich po raz pierwszy.

W trawie stoją, chociaż ich nie ma, a jednak stoją w trawie. Chłopczyk wie, po prostu wie, że już z nim zostaną.

I zostają.

* * *

Dwa lata później chłopiec idzie do przedszkola po raz pierwszy w życiu, chociaż ma już sześć lat. Idzie, ponieważ zerówka jest obowiązkowa. Wcześniej, gdy rodzice byli w pracy, chłopcem zajmowali się dziadkowie. A teraz mama odprowadza go do przedszkola. W szatni ściągają kurtkę i buciki, następnie spodnie, pod którymi chłopiec ma granatowe rajstopy, ubrany jest w sweterek w paski. Chłopiec, ociągając się, zakłada kapcie z grubej burej tkaniny w kratę. Mama się niecierpliwi, pogania chłopca. Mama prowadzi go do sali pełnej dzieci.

Sala podzielona jest na dwie części przeszklonymi, dwuskrzydłowymi drzwiami. Drzwi są zamknięte na klucz, szyby w nich zamalowane matową, brudnobiałą farbą — na niej przyklejone kwiaty z kolorowego papieru.

Dzieci w sali biegają, krzyczą i śmieją się, co nie podoba się chłopcu. Przysuwa oko do szerokiej na dwa palce szpary między skrzydłami przeszklonych drzwi. Przez szparę przygląda się dzieciom, które znajdują się po drugiej stronie drzwi. Wydają mu się inne, piękniejsze niż te, które są po jego stronie. Dziewczęta mają kokardy we włosach.

Nagle przypomina sobie o mamie. Odwraca się. Jest. Widzi ją przez otwarte drzwi. Mama stoi na korytarzu. Mama przygląda się mu przez chwilę. Ma gęste, jasne włosy, długie do ramion. Chłopcu podoba się, kiedy mama rano podwija je lokówką. Mama uśmiecha się do chłopca i ociera oczy. Potem odchodzi, znikają jej jasne włosy i bordowy, spięty paskiem płaszcz i buty na obcasach.

Chłopiec zdaje sobie sprawę, że został sam.

W brzuchu rośnie mu coś, co — jak wie — zaraz zamieni się w płacz. Chłopiec nie chce płakać. Wstydzi się płakać. Wie jednak, że już niedługo się rozpłacze.

W rogu sali, w drewnianej doniczce rośnie wielki filodendron, wysoki aż do sufitu. Chłopiec chowa się pod jego szerokimi liśćmi, za wielką drewnianą doniczką. Opiera się o nią plecami. Podciąga kolana pod brodę i opasuje je ramionami. Granatowe rajstopy drapią policzki chłopca. Płacze. Jest sam.

Ktoś dotyka jego ramienia. Chłopiec podnosi głowę. Widzi brzydkie buty na płaskim obcasie, grube pończochy i długą wełnianą spódnicę w kratę. To wychowawczyni. Mówi, żeby już nie płakał, żeby się bawił, są klocki i samochody, nie ma co płakać.

Chłopiec kręci głową i wtula twarz w granatowy materiał rajstop. Przedszkolanka odchodzi, zostawia chłopca w spokoju, mówi, że dobrze, niech zostanie, ale za chwilę i tak będzie musiał wyjść, bo będzie śniadanie.

Chłopiec czuje, że są blisko, siedzą w doniczce, dotykają niewyczuwalnie jego jasnych włosów. Są, ponieważ on jest sam. Z nimi jest się bardziej samemu niż bez nich. A są. Więc jest bardzo sam.

Chłopiec płacze. Dotykają jego jasnych włosów. Milczą.

Przedszkolanka woła na śniadanie. Chłopiec nie chce wyjść zza doniczki z filodendronem. Płacze po cichu, ale chudą klatką piersiową szarpią skurcze szlochu. Przedszkolanka najdelikatniej jak umie, ale stanowczo chwyta go za rękę i płaczącego wyciąga z kąta, prowadzi do małego stoliczka, na którym leżą talerzyki z kromkami chleba posmarowanymi dżemem. Chłopiec ociera łzy, płacz powoli gaśnie. Chłopiec je śniadanie. Chleb jest prawie czerstwy, nie smakuje mu. W domu, u dziadków jadał lepsze rzeczy. Zjada tylko pół kromki. Popija cienką herbatą. Odwraca się, patrzy na doniczkę z filodendronem. Wypatruje. Nie ma ich tam. Zniknęli.

Z zerówki odbiera go babcia. Idą do domu. Mieszkają w bloku. Chłopiec nie może wychodzić na podwórko sam, ale jest piękna pogoda, więc babcia siada na ławce przed blokiem i pozwala chłopcu przez chwilę bawić się na podwórku.

Chłopcu niezwykle interesujące wydają się szczury, szczególnie jeden o sierści białej w brązowo-czarne łaty. Chłopiec kuca na betonowych schodach, opiera dłonie na kolanach i przekrzywiając głowę, przygląda się, jak jego ulubieniec węszy i krząta się pomiędzy śmieciami zalegającymi na wątłej trawie przy ścianie bloku.

Potem idą do mieszkania. Babcia gotuje obiad: ziemniaki, karminadle. Trze marchew na sałatkę. Chłopiec jeszcze przed obiadem wyjada z półmiska sałatkę z potartej marchewki, babcia położyła ją już na kuchennym stole, przy którym zjedzą obiad. Widząc to, babcia gniewa się, beszta chłopca i każe mu iść do pokoju.

W pokoju chłopiec bierze swoją ulubioną zabawkę. Zabawka jest z przeźroczystego plastiku. Ma formę prostopadłościanu o kwadratowej podstawie i podzielona jest na cztery piętra. Na każdym z pięter znajdują się kolorowe pokrętła i przyciski, za których pomocą można przenieść białą kulkę na niższe piętro. To zabawka dla młodszych dzieci, nie dla sześciolatków. Chłopiec nie zawraca sobie głowy przenoszeniem kulki na niższe piętra. Siada na łóżku i zabawka, z jej pokrętłami i guzikami, staje się konsoletą, za której pomocą chłopiec prowadzi statek kosmiczny.

Chłopiec jest kapitanem tego statku.

Oni są załogantami.

* * *

Dzień zaczął się tak sobie, ale już prawie wiosna i słońce, więc żeby coś z dnia było, wyciągnąłem z garażu leciwy i błyszczący, i kochany szwedzki kabriolet, otwarłem dach i pojechałem na południe, polskimi drogami wojewódzkimi o numerach najpierw 921 do Rud, między Przeryciem a Stanicą prosta i pusta szosa przez las, słońce migające przez nagie drzewa jak stroboskop, dalej 919 do Raciborza i na koniec 916 do Klein Peterwitz i za czeską granicę, do czeskich Sudic w dawnym pruskim Kraiku Hulczyńskim.

Czterdzieści pięć kilometrów, lasy i pola, pusto i prosto, można przycisnąć, posłuchać, jak świszcze turbo, wkręcić silnik na pięć tysięcy, zredukować na zakręcie, przeziębić się, bo marzec. Powkręcałem. Zamiast relaksu jednak co chwila postój, bo telefony w sprawach zawodowych, zwykła, gniewna orka, ale w końcu wyłączyłem telefon.

W Klein Peterwitz tablice po niemiecku, obok polskich, co zawsze cieszy, i nawet nikt ich nie zalewa czarną farbą, jak tablic w bliskich mi Smolnitz czy Kieferstädtel. Może już się nikomu nie chce.

W Sudicach piękna aleja starych lip, a w roli pomników stoją radziecki czołg T-34/85 i czeski szkolny odrzutowiec L-29 Delfin. Nie zatrzymałem się przy nich, chociaż lubię lipy, czołgi i odrzutowce, acz ostatnio jakby mniej.

Zatrzymałem się koło neogotyckiego kościoła, chociaż nie lubię neogotyku, wysiadłem, paliłem papierosa. Stromą drogą, wsparta o rower, wspinała się staruszka, zwykła śląska ōma w bordowym płaszczu i berecie. Nie spojrzała na mnie ani razu, ja też nie bardzo na nią patrzyłem.

Na tablicy przy placu zabaw napisano, że mieszkańcy Kraiku Hulczyńskiego charakteryzują się pracowitością i solidnością. Gówno prawda, jak wszystkie takie „mieszkańcy charakteryzują się".

Chciałem przez chwilę kupić morawskie wino, ale pomyślałem, że w gliwickim sklepie z morawskimi winami kupię przecież lepsze niż w potravinach w Sudicach. Nic nie kupiłem.

Wróciłem tą samą drogą, tylko słońce w plecy.

* * *

— Kto to jest? — pyta zainteresowany.

— Albrecht Dürer. Namalował te obrazy tutaj. — Wskazuję na Lukrecję, ołtarze i portrety dookoła.

— Ten też namalował? Samego siebie?

— Tak. To autoportret.

— Wiem, co to autoportret — irytuje się trochę. — Ja też namalowałem autoportret. Pani powiedziała, że najlepszy w klasie. Tylko raz miałem rysunek najlepszy w klasie.

— Raz wystarczy.

— Ten też jest dobry?

— Też. Bardzo dobry.

Patrzy. Długo. Drapie się po brodzie.

— Może nawet to jest lepszy autoportret niż ten mój — przyznaje w końcu.

— Niewykluczone — zgadzam się.

Kiwa głową. Przygląda się dalej.

— On też ma długie włosy. Jak ja.

— Tak.

— A dlaczego?

— Bo on się tutaj tak upozował, wzorem wcześniejszych obrazów przedstawiających Chrystusa. Zresztą nie wiem, pewnie po prostu lubił mieć długie włosy, tak jak ty.

— Może lubił też nosić skarpetki i sznurówki nie do pary, jak ja? — pyta, nie odrywając wzroku od obrazu.

— Wtedy wszyscy nosili nie do pary.

— Jak to? — dziwi się.

— Taka była moda. Jedna pończocha żółta, druga czerwona, na przykład. Albo w paski.

— I wszyscy tak...?

— No, ci, których było na to stać. To wszyscy.

— Ekstra! Ludzie nie powinni nosić skarpetek do pary.

* * *

Znad Poczdamu nad Wannsee nadciąga burza. Najpierw siedziałem w ogrodzie, jadłem truskawki, piłem białe wino i pisałem, potem wdrapałem się na wieżę. Siedzę w mojej małej pracowni i z daleka patrzę, jak wzmagające się szkwały przechylają białe żagle jachtów na jeziorze. Motorówka podpływa do każdego, pewnie każą wracać, większość wraca, dwa nie wracają, chodzą dalej w kółko długimi halsami w mocnych przechyłach, balastują, robią piękne zwroty, nie spieszy im się.

Wiatr porusza konarami dębów w ogrodzie, z jednego zrywa się do lotu niewidoczna wcześniej czapla, wtula w ramiona łeb na długiej szyi i leci ociężale, znika mi z oczu.

Lubię drogę z Górnego Śląska do Berlina. Oswoiłem ją tak, jak drogę do Warszawy, chociaż w Berlinie bywam rzadziej, acz jak bywam, to na dłużej. Więc droga: po lewej stronie Anaberg, opustoszałe, bogate i schludne wioski teoretycznie biednej Opolszczyzny, pola, potem znowu po lewej szare kontury Sudetów, dalej smutek Dolnego Śląska, dalej Łużyce, elektrownie wiatrowe, potem już Brandenburgia, słowiańska toponimika aż po Berlin i w samym Berlinie. Jadąc, słucham Mary Komasy; czego na tej płycie nie ma, w *City of My Dreams* jest *Possibility* Lykke Li na poziomie plagiatu prawie, dalej Adele, słychać też jakieś melodie z *Once* czy *Zombie* Cranberries — a jednak słucham, bo to dobra płyta i w sumie co mnie to obchodzi, że z czegoś? Słuchając, cholera wie dlaczego, myślę o tajemniczej eksplozji słowiańszczyzny sprzed kilkunastu wieków — pierwszy raz we wspólnej historii Europy zanotowani w szóstym wieku, a niedługo potem słowiański język (ciągle jeden) słychać od Limes Saxoniae pod dzisiejszymi Kilonią i Hamburgiem aż po Peloponez, od Nowogrodu po Istrię, od Drezna po Kijów. Co takiego się stało? Co działo się wcześniej? Dlaczego nikt o Słowianach wcześniej nie słyszał? Dlaczego ten podbój, ta inwazja nigdy nie zamieniły się w hegemonię, po hegemonii ludów azjanickich, a potem indoeuropejskich Celtów, Latynów, Germanów? A przede wszystkim, dlaczego mnie to w ogóle obchodzi, dlaczego o tym myślę?

Dziewczynie na stacji benzynowej podaję kartę płatniczą, dziewczyna nie reaguje, patrzy osłupiała w ekran telefonu, a potem kasuje za moje paliwo, przesuwa kartą w czytniku, popłakując trochę. Mógłbym powiedzieć jej coś miłego, gdy wychodzę, a zamiast tego myślę o Słowianach i nic nie mówię. Jadąc dalej, myślę o tym, co mogła w telefonie zobaczyć.

Po kilkunastu dniach w Berlinie: jak dobrze nie być w Polsce w czasie kampanii wyborczej. W nocy gapię się na nietoperze.

* * *

W nocy pola na wzgórzach wygwieżdżone świetlikami. Pulsują, tysiące morskich latarni. Dziesięć lat nie widziałem świetlika, teraz całe pole świetlików. Śródziemnomorska sowa krąży nad nami, pohukując rytmicznie jak sonar w *Das Boot*. Kamienne posadzki oddają słoneczne ciepło, kiedy słońce już zajdzie. Wino, papierosy, proste jedzenie.

Ombra della sera, cień wieczoru, posążek chłopca z dłońmi wzdłuż tułowia rozciągnięty jak rozciąga się cień ludzkiej sylwetki w zachodzącym słońcu, dwa punkty w tej bardziej niż u El Greca wydłużonej postaci, twarz i genitalia.

Błonia na szczycie Volterry, etruskie forum zniszczone podobno dopiero przez Medyceuszy, dziś park, w którym dokazuje liczna młodzież. Smagli i smukli młodzieńcy obnażeni od pasa w górę, bielizna wystająca ponad spięte paskami szorty, dziewczęta w dżinsach i topach od bikini, polewają się wodą, kopią piłkę, szarpią się, tulą, całują, młodzi, cieleśni, namiętni, pokrzykują, popiskują, chłopięce dłonie na dziewczęcych biodrach, dziewczęce dłonie na szczupłych, twardych piersiach chłopców złożone tam w geście, który odpycha i przyciąga jednocześnie.

Długie włosy, dziewczyna się pochyla, chłopiec wylewa na te włosy zimną wodę, dziewczyna parska jak źrebię, prostuje się, zarzucając całą czarną grzywę na plecy, krople wody na ich wspólnej, ciemnej i błyszczącej od upału skórze. Dziewczyna się śmieje, chłopak o wygolonych skroniach dotyka kącika jej ust, dziewczyna oblizuje mu palec.

Urny Etrusków. Twarze Etrusków w terakocie i alabastrze. Plastikowe talerze, przydrożne jedzenie i litrowa karafka wina, które pije się ze szklanek.

Myśli o tych, którzy byli przed Etruskami.

O czym opowiadali sobie przy ogniskach przez czarne dziesiątki czy setki tysięcy lat wiecznego powrotu dnia i nocy, zimy i wiosny, przed nagłym i niedawnym wybuchem cywilizacji jakieś dziesięć tysięcy lat temu (albo jeszcze później)?

Jak żyli przed nami? Czy potrafili rozpaczać, czy to przyszło dopiero później, wraz z pojawieniem się historii? Według Eliadego historia pojawia się, gdy kołową strukturę czasu przecina katastrofa, wielkie, wspólnotowe cierpienie. Razem z cierpieniem pojawia się nadzieja na jego koniec, dzięki któremu dzieje zyskują swój telos.

Katastrofa przecina koło czasu, w najgłębszych warstwach ludzkiego wyobrażenia na temat życia i losu, ich struktury, katastrofa odrywa ziemskie trwanie od rzeczywistości mitycznej i rozpoczyna liniową historię wraz z jej logiką.

Czy więc rozpaczali? Czy rozpacz jest, jak jungowskie archetypy, immanentną strukturą ludzkiej natury, może nawet fizjologiczną, czy pojawia się tylko w określonych warunkach zewnętrznych? Czy Khoisan rozpaczają? A czy rozpaczali pięć tysięcy lat temu?

Historia jako katastrofa przyniosła nadzieję na przyszłe szczęście, na wyrwanie człowieka ze świata bólu, na ludzkie przebóstwienie, czy będzie nim paruzja jakiegokolwiek mesjasza, czy technologiczny transhumanizm, czy nawet pojedyncza, osobna samorealizacja każdego ludzkiego istnienia.

Z nadzieją na przyszłe uwolnienie z bólu połączone jest cierpienie w teraźniejszości. Człowiek sprzed rewolucji neolitycznej zna cierpienie ciała, godzi się z nim, zwalczając je, na ile może, ale nie zna cierpienia duszy, gdyż tę współdzieli ze światem drzew, zwierząt i kamieni, otaczająca go rzeczywistość stanowi idealny porządek. Cierpienie

nie ma wartości, tę wnosi dopiero nowoczesność, ta wiele starsza od chrześcijaństwa.

Czytam *The Origins of the World's Mythologies* E.J. Michaela Witzela, który optymistycznie i brawurowo próbuje rekonstruować euro-azjatycko-amerykańskie (używa określenia „laurazyjskie") mity opowiadane nad ogniskami przed dziesięcioma tysiącami lat. Wspaniale napisana książka, na półce stanie obok Eliadego i Frazera.

I cały czas się zastanawiam: gdzie są teraz te wszystkie ciemne życia, śmierci i narodziny, tak blisko ziemi, wody, mięsa, krwi? Tak niewiele lat dzieli nas od założenia Jerycha i Sumeru, tak długo wcześniej istniał człowiek w tym constans sprzed historii. I może tam wrócić, znowu stała myśl, obsesyjna, trwanie w bezczasie na gruzach cywilizacji.

* * *

W Hornsundzie wiele nie popływaliśmy, tylko pierwszego dnia; potem sztorm trzymał nas w polskiej bazie tamże przez kilka dni, brzeg zawalony był krą, łodzie bezczynnie leżały na plaży. Łaziłem więc po okolicy, przyglądałem się ptakom i renom. Na huraganowym wietrze mewy, fulmary i wydrzyki wisiały jak latawce, alczykami zaś, rybitwami i nurzykami wiatr miotał. W końcu rozsunęliśmy kry, które po kilkudziesięciu tysiącach lat spokojnego bycia lodowcem Hansa oderwały się od niego i wiatr zagnał je na naszą plażę. Rozsunęliśmy je, stojąc po pachy w wodzie, przecisnęliśmy między nimi ponton i wróciliśmy na Oceanię. Ponton na dziób, silnik na reling, a ja — spać; i przespałem prawie całe dwadzieścia cztery godziny rejsu z Hornsundu do Longyearbyen, gdzie wyładowaliśmy siebie i łódź pod klubem nurkowym, z zamiarem powetowania sobie hornsundzkiego uwięzienia. Łódź więc znowu na brzeg, a my jeść i pić do knajpy. Jedzenie marne, picie jak picie. Powrót białą nocą. Lubię być trochę pijany białą nocą.

Późnym rankiem ściągamy w końcu ponton na spokojne i zamulone wody Adventfjordu i płyniemy. Użyjemy sobie tutaj! Nie to co w Hornsundzie, gdzie trzeciego dnia próbowaliśmy wyjść przy wietrze o sile ośmiu stopni w skali Beauforta i zawróciliśmy jak niepyszni, gdy morze w pierwszym ostrzeżeniu podrzuciło ponton w powietrze tak, że spadliśmy w nim z wysokości dwóch metrów chyba, z trzaskiem i wyciem nagle wyrwanego z wody silnika. Odpuściliśmy. Ale tutaj popływamy.

Zaraz okazuje się, że spokojnie jest tylko przy brzegu. Robi się wredna, krótka fala. Kiedy próbujemy iść w ślizgu, trzepie nami o tę falę tak, że zęby się luzują w dziąsłach. Ale da się płynąć. Wzdłuż Fuglefjella idziemy powoli, mozolnie przebijamy się przez fale na niskich obrotach, pod górę i zjazd, pod górę i zjazd. Potem fala siada, więc znowu ślizg, ramiona już trochę mdleją od trzymania jedną ręką łodzi, a drugą rumpla dwusuwowego evinrude'a, ale kiedy szerokim łukiem mijamy Rusanovodden, robi się pięknie, Colesbukta spokojna.

I przypominam sobie: prowadzić łódź motorową w ślizgu to rozkosz. Cieszę się tym: znowu kolejna mała zmysłowa przyjemność, jedna z tych, z których można sobie zlepić życie; znowu coś nowego znalazłem.

W Colesbukcie w wielkim znoju wyszarpujemy ponton na brzeg, ściągamy z siebie pomarańczowe hanseny. Łazimy. Spotykamy człowieka. Człowiek się przedstawia, jest ogorzały, żylasty i zasuszony i pływa sobie po Spitsbergenie piętnastokilogramowym żółtym, składanym kajaczkiem, przy którym nasz bombard z trzydziestokonnym silnikiem, wcześniej taki wątły, grożący wywrotką na fali czy lawirujący z trudem między krami Hornsundu, nagle wydaje się majestatycznym i bezpiecznym statkiem.

Kajakarz opowiada o swoim życiu. Opowiada rzeczy fantastyczne, ale coś w jego spokojnym sposobie opowiadania sprawia, że wierzę w każde słowo. Tatry. Irak. Zimowanie na Svalbardzie. Życie bez pieniędzy. Wierzę we wszystko.

Częstuje nas kawą. Pijemy. Zatrzymuję się na chwilę przed chatką Rusanowa, siadam na ławce i patrzę na Isfjord, lodowce, Vesuv, Protektorfjellet. Przypominam sobie, że na tej skalnej kulce, którą nazywamy domem, ziemią, światem, nie ma krajobrazu, który kochałbym bardziej.

Potem płyniemy dalej, fala, szarpanina, Grumant. Wyciągamy ponton. Znój. Znam opuszczone, ruskie domki Grumantu na pamięć, nie chce mi się znowu ściągać hansena, zostaję więc w nim na plaży. Siedzę na kamieniach, gapię się na morze i nie myślę o niczym; laminaria śmierdzą, ptaki wrzeszczą i krążą, maleńkie białe piksele mew na tle klifów Fuglefjella.

Potem z powrotem do Longyear. Fala duża, fala krótka, fala od rufy, fala od dziobu, ślizg, powoli, znowu ślizg. Za przylądkiem, za którym zaczyna się fiord Advent, granica wody. Szaroniebieska woda Isfjordu nie miesza się z zielonobrązową wodą Adventfjordu. Dokładnie na tej granicy, na wodzie siedzą mewy, kołyszą się na dwukolorowych falach. Patrzymy i nie rozumiemy. Dlaczego siedzą akurat tam, gdzie stykają się dwa kolory wody? Dopływamy pod klub nurkowy. Zakładamy kółka, wyszarpujemy łódź na plażę, pokrzykując niczym jacyś staroruscy burłacy.

Jemy kolację, jakieś konserwy bez smaku. Jesteśmy tak zmęczeni, że nie chce nam się nawet iść po alkohol. Słuchamy The xx. Piję herbatę.

Zasypiam o jedenastej. Śpię godzinę, po czym się budzę, bo samolotem o północy przylatuje oceanolog i wpada do chatki z hukiem. Powitania, żarty.

Rozmawiamy. Jestem półprzytomny. Siedzę na łóżku okryty śpiworem. Rozmawiamy. O Facebooku. O globalnym ociepleniu. O nurkowaniu. O logistyce. O Antarktydzie. Z oceanologiem albo i nie z nim przyleciała jakaś dziewczyna, z nim czy nie z nim, w każdym razie nie było jej, a nagle już jest.

Jest, chociaż nie mam pojęcia, kim jest, i w ogóle mnie to nie obchodzi, ale jakoś fascynuje mnie to, jak w mojej półprzytomności nie pasuje mi do miejsca, w którym nocujemy. Za dwie godziny muszę wstać na samolot, a ona siedzi w fotelu na siedemdziesiątym ósmym równoleżniku, ma krótko ścięte włosy i bluzkę, która odkrywa białe ramiona, siedzi i milczy, a ja mam wrażenie, że wszystko mi się śni. Nie ma M. Nie ma O. Nie ma oceanologa. Nie ma skulonej w fotelu dziewczyny o białych ramionach. Nie śpię w ubraniu na brudnym materacu pod puchowym śpiworem. Nie muszę wstać na samolot. Nie ma. Nic nie ma.

Gadamy z oceanologiem godzinę. Zostają mi dwie na sen; zaraz będę musiał wstać. Nie umiem zasnąć. Wiercę się godzinę, wściekły, że nie śpię. Wstaję. Kładę się. Zasypiam. Śpię czterdzieści pięć minut. Budzik. Budzę się, pakuję graty, biorę prysznic. Nierzeczywistość.

W końcu nie jestem obywatelem rzeczywistości.

Pakuję graty do oczekującego mnie samochodu. Jedziemy na lotnisko. Nad fiordem Advent niskie chmury przecinają góry w połowie. O trzeciej pięćdziesiąt jestem na lotnisku. Zimno. Pod lotniskiem gapię się na szarego lisa polarnego zawiedzionego norweskim porządkiem. Nie lubię nazwy „piesiec". Wolę „lis polarny". Jest celniejsza: bo to w końcu lis, tylko polarny. Szuka, biedaczek, śmieci i nie znajduje.

Rzuciłbym mu coś do żarcia, ale nie mam, a gdybym miał, to też bym pewnie nie rzucił, bo by się zaraz ekologicznie świadomi Norwegowie oburzyli. Że zaburzam. Co zasadniczo mnie nie obchodzi. Ale pewnie nie rzuciłbym. Nad czym medytuję. Palę papierosa, patrzę na lisa, lis patrzy na mnie, po czym każdy z nas idzie w swoją stronę, lis w lisią, ja w moją.

Czwarta pięć nadaję bagaże. Security. Wszystko za kloszem z mlecznego szkła. Piję kawę. Na fotelu siedzi polarna hipiska. Polarna hipiska to coś estetycznie potwornego. Ja też jestem odstręczający raczej w brudnych dżinsach, brudnym softshellu i brudnych trekach.

Wywołują mnie przez megafon.

— Mister... uhm... Sheshepin... uhm... Twerdoc...? Please, go to gate.

Wiem, o co chodzi. Przy gejcie, jedynym zresztą, czeka pani ochroniarka.

Nie, droga norweska ochroniarko, nie będę rozkładał tutaj strzelby. No to nie poleci i to ty będziesz miała kłopot. Nie, nie mogę z niej wyjąć zamka. Tak, wiem, ale to nie jest sztucer, z którego można łatwo wyjąć zamek. Strzelbę musiałbym rozłożyć na czynniki pierwsze, a tego robić nie zamierzam. Bo mi się zapiekła od loctite'a zakrętka na magazynku. Tak, wiem, że nie rozumiesz i mam to gdzieś. Jest czwarta rano...

Norweżyca polarna jest ładna, chociaż na policzku ma wielkiego, nabrzmiałego pryszcza. Stoję przy niej otępiały i uparty w tym otępieniu. Norweżyca odpuszcza. Mogłaby nie odpuścić, ale odpuszcza. Może myśli o tym pryszczu. Nie wiem. Może po prostu jest dobrym człowiekiem. A może ma to w dupie, tak samo jak ja, jest czwarta rano i co za różnica, czy strzelba poleci z zamkiem wyjętym, czy nie wyjętym. Odpuszcza. Strzelba leci z zamkiem niewyjętym.

W samolocie tłok i trzy godziny. Obok mnie śpią Japończycy. Ja nie śpię. Nad pierwszą warstwą niskich chmur ostre górskie szczyty, potem druga warstwa chmur, potem nic. Pod koniec zapadam w jakiś dziwny letarg, z którego budzi mnie dopiero uderzenie kół o nawierzchnię pasa.

Oslo. Trzy kwadranse czekam, aż moje bagaże i broń wyjadą z samolotu. Siedzę otępiały na jakiejś ławeczce i gapię się na bagażowe taśmociągi. Denerwowałbym się, znam siebie dobrze, denerwowałbym się, ale się nie denerwuję, tylko siedzę i czekam. Stand by. Mam nadzieję, że z kącika ust nie leci mi strużka śliny.

W końcu są. Po drodze na parking kupuję dwie bagietki i jakąś kawę, długo szukam samochodu, jest, pakuję graty do bagażnika, przebieram się w jakieś ludzkie ciuchy i jadę. W Oslo zimno, dwanaście stopni. Autostrada. Łamię przepisy. Rozstrzelajcie mnie, jeśli wola. W drodze do Oslo dwóch norweskich policjantów przetrzepało mi samochód tak skutecznie, że przegapili strzelbę w bagażniku, a ja specjalnie nic nie mówiłem, papiery mam przecież w porządku, byłem ciekaw, czy znajdą. Nie znaleźli, gang Olsena w mundurach, chociaż zaglądali do schowków, grzebali w papierach, grzechotali pustymi puszkami po red bullu.

Jadę. Szwecja. Stacje benzynowe. W Szwecji upał, trzydzieści stopni. Jadę. Most między Malmö a Kopenhagą, Bałtyk. Dania. W Danii chłodniej, dwadzieścia stopni. Niedobry stek w przydrożnej restauracji, w końcu jaki ma być w przydrożnej restauracji? Jadę. Mosty, sundy, zatoki, Bałtyk, prom do Niemiec. Na promie trolle. Całe rodziny trolli. Nie internetowych, tylko takich normalnych, skandynawskich. Wielcy, często otyli, włosy blond, rude albo takie jak moje, „poszczano słōma" — mówiła moja babcia na ten mój kolor gdzieś pomiędzy blond, rudym a szarością popiołu; więc trolle, olbrzymie kobiety z włosami zaplecionymi w warkocze na przełomie lat siedemdziesiątych i osiemdziesiątych, otyli, gigantyczni mężczyźni o sinoczerwonych nosach, wielkie, nieruchawe dzieci jakoś spłodzone, daj Boże o tym nie myśleć.

Między nimi piękny, skandynawski playboy o żółtych włosach i urodzie wikińskiego jarla, chociaż gładko ogolony. Zacumował swój drakkar cabrio zaraz obok mojego. Podziwiam krój jego dwurzędowej marynarki, po czym widzę się w lustrze i rozumiem, że dziś należę raczej do świata trolli, nie jarlów.

W wolnocłowym czterech podpitych gastarbeiterów kupuje rum i kieliszki. Robią dwie flaszki bardzo sprawnie, zawodowo w pół godziny. Trolle patrzą oburzone. Jarl się cieszy. Januszowie bełkoczą, ocierają szczeciniaste wąsiska, liczą bilon euro.

Koniec przeprawy. Jarl wsiada do swojego lśniącego drakkara cabrio, trolle do starych volvo, Januszowie do dwudziestoletniego transita i wszyscy jedziemy ku reszcie swojego życia. Ja też.

Fehmarn. Niemcy. Zastanawiam się, czy przenocować w jakimś hotelu, w Lubece może, ale nie, jadę. Puste autobany bez ograniczeń prędkości, jadę dwieście trzydzieści, dobrze się jedzie, prawie tak dobrze, jak gdy łodzią w ślizgu lawirować między krą na lustrzanej wodzie w Burgerbukcie.

Burza, jadę sto trzydzieści. W lusterku wstecznym purpurowy zachód słońca pod czarnymi chmurami, jadę dwieście, słucham The xx, Badalamenti, Yeah Yeah Yeahs. Stacje benzynowe. Nasta kawa, nasty red bull bez cukru, żarcie ze stacji, tankowanie, płyn do spryskiwaczy, ja, danke schön, tschüss, jadę, już tysiąc kilometrów za mną, dziesiąta, Berlin, gdzieś źle zjeżdżam, wściekły tłukę się po jakichś zadupiach, w końcu wracam na autobanę, dwieście, sto dwadzieścia, korek, osiemdziesiąt, dwieście.

Wita mnie umiłowany kraj drogą z płyt, sto kilometrów tłuczenia się siedemdziesiątką, jak po kocich łbach, jakby umiłowany kraj przywoływał mnie do porządku, przywracał zasadzie rzeczywistości, przypominał mi się, pokazywał od najlepszej strony. W końcu znowu autostrada.

Gdy jechałem w tamtą stronę, do Oslo, Cielecka czytała mi *Wielki dom*, i tak naprawdę nie słuchałem słów książki, tylko tego zgaszonego, seksownego głosu, który płynął ze mną jak głos anioła stróża, jakby osłaniał mnie przed norweską nocą; takie jazdy miałem już pod koniec. Teraz puszczam sobie *Uniewinnienie* Bykowa i na początku słucham z zaciekawieniem, ale w końcu robi się to tak nieznośnie głupie i niezdarnie, źle napisane, że nie da się tego słuchać nawet o drugiej w nocy, w dwudziestej czwartej godzinie podróży, wracam więc do muzyki. Próbuję obudzić się Rammsteinem, ale nie działa. Sto kilometrów przed Pilchowicami zjeżdżam na stację, odchylam fotel, śni mi się, że śpię na krze zawieszonej w pustce czarnego oceanu i jestem szczęśliwy i spokojny. Budzę się nagle, bo ktoś puka w szybę, ale nie, nikogo nie ma, nikt nie pukał, a jednak ktoś pukał, wiem, i ktoś jednak jest.

Tankowanie, red bull, kawa, żebrak chce pięć złotych, kierowniku. Szukam długo po kieszeniach, by w końcu zdać sobie sprawę, że nie mam żadnych monet ani banknotów. Żebrak mi wymyśla od ostatnich i ma rację, kierowniku, jadę przez nierzeczywistość. Nagle już parkuję pod domem, kiedy? Przecież właśnie płynąłem po zatoce Coles, a teraz wysiadam z samochodu. Noc. Upał.

Siadam na krawężniku. Oddycham z trudem. Bolą mnie plecy.

Myślę o tym, co się stanie z tymi moimi bolącymi plecami, kiedy już umrę.

Nie chciałbym leżeć w grobie ani spłonąć w krematorium, chciałbym, żeby moje kości kiedyś bielały na czarnej plaży, chciałbym, rozniesiony przez zwierzęta, leżeć na jej szerokiej połaci, szlifowany przybojem, by wreszcie, zeszlifowany do cna, rozpuścić się w innej ziemi i innej wodzie, żeby tu mnie już więcej nie było. Ale nie spodziewam się, żeby dało się to załatwić. W innych rzekach podziemnych będę płynął, nie w tych, które grzmią pod gołoborzami, kiedy idzie się przez nadmorskie stoki Kolberget, a pod nogami góra huczy, jakby drżała.

Poza tym ludzkie szczątki pozbawione są dostojeństwa szczątków wielorybich. Widać je czasem w płytkich wielorybniczych grobach, spod wielkich kamieni wyzierają czarne oczęta czaszek. Ludzkie szczątki przypominają raczej reniferze.

W zeszłym roku na plaży w Hollendarbukcie widziałem martwego renifera w zaawansowanym rozkładzie. Leżał jak brudna piłka, zapadnięta, bo spuszczono z niej powietrze. Dookoła niego mewie pióra i puch, jak kwiatki sypane przez dziewczęta w bieli na Boże Ciało. Ptaki wydeptały dookoła zagłębienie i reniferze truchło wyglądało jak złożone w gnieździe. Bielejące już na zimę lisy polarne jeszcze go nie otwarły, nie rozwlókł go niedźwiedź, więc mewy skubały tam, gdzie mogły, przez skórę się nie przebiły, tylko oczy, nozdrza, pysk, odbyt wyjedzone.

Tak bym właśnie leżał.

Wydanie pierwsze

Opieka redakcyjna
Waldemar Popek

Redakcja
Wojciech Adamski

Korekta
Magdalena Bielska, Kamil Bogusiewicz, Dorota Trzcinka

Projekt okładki i stron tytułowych
Filip Kuźniarz

Fotografia autora na okładce
Cato Lein

Redakcja techniczna
Bożena Korbut

Książkę wydrukowano na papierze Ecco Book Cream 80 g vol. 2,0

Printed in Poland
Wydawnictwo Literackie Sp. z o.o., 2015
ul. Długa 1, 31-147 Kraków
bezpłatna linia telefoniczna: 800 42 10 40
księgarnia internetowa: www.wydawnictwoliterackie.pl
e-mail: ksiegarnia@wydawnictwoliterackie.pl
fax: (+48-12) 430 00 96
tel.: (+48-12) 619 27 70
Skład i łamanie: Infomarket
Druk i oprawa: Drukarnia Zapolex, Toruń

ISBN 978-83-08-06040-7

Książki

Szczepana Twardocha

w Wydawnictwie Literackim

Morfina

Wieczny Grunwald

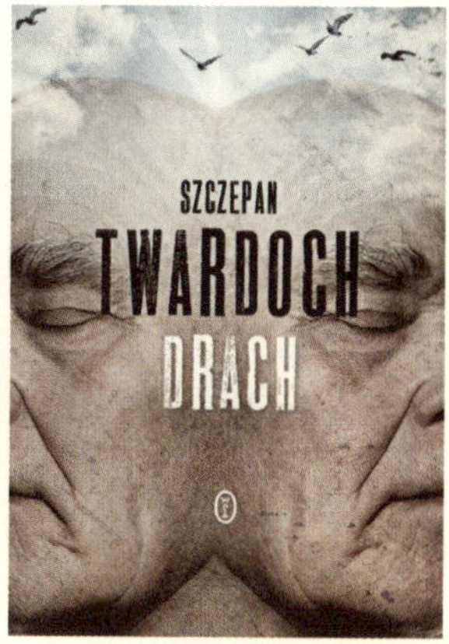

Drach

Wieloryby i ćmy